Einführung in die Theoretische Informatik

Formale Sprachen und Automatentheorie

von
Prof. Dr. Ulrich Hedtstück

5., überarbeitete Auflage

Oldenbourg Verlag München

Prof. Dr. Ulrich Hedtstück ist Dozent an der Fachhochschule Konstanz mit den Lehrgebieten Theoretische Informatik, Algorithmen und Datenstrukturen sowie Simulation. Seine Forschungsschwerpunkte sind Künstliche Intelligenz, Simulation und Virtual Reality. Er ist Mitglied des CIM-Arbeitskreises der FH Konstanz mit dem Teilprojekt Simulation in CIM-Konzepten.

Bibliografische Information der Deutschen Nationalbibliothek

Die Deutsche Nationalbibliothek verzeichnet diese Publikation in der Deutschen Nationalbibliografie; detaillierte bibliografische Daten sind im Internet über http://dnb.d-nb.de abrufbar.

© 2012 Oldenbourg Wissenschaftsverlag GmbH
Rosenheimer Straße 145, D-81671 München
Telefon: (089) 45051-0
www.oldenbourg-verlag.de

Das Werk einschließlich aller Abbildungen ist urheberrechtlich geschützt. Jede Verwertung außerhalb der Grenzen des Urheberrechtsgesetzes ist ohne Zustimmung des Verlages unzulässig und strafbar. Das gilt insbesondere für Vervielfältigungen, Übersetzungen, Mikroverfilmungen und die Einspeicherung und Bearbeitung in elektronischen Systemen.

Lektorat: Johannes Breimeier
Herstellung: Constanze Müller
Titelbild: Ulrich Hedtstück, Grafik: Irina Apetrei
Einbandgestaltung: hauser lacour
Gesamtherstellung: Grafik & Druck GmbH, München

Dieses Papier ist alterungsbeständig nach DIN/ISO 9706.

ISBN 978-3-486-71404-3
eISBN 978-3-486-71896-6

Für

Geli, Anemone und Johannes

Vorwort

Die junge Wissenschaft der Informatik ist geprägt durch das praktische Arbeiten am Computer. Der rasante Fortschritt auf dem Hardwaresektor sowie die in gleichem Maße wachsende Erwartungshaltung gegenüber den Anwendungsmöglichkeiten von Computern verleiten viele Informatiker dazu, neue Software durch schnelles Programmieren und Ausprobieren zu erstellen. Unsystematisches Vorgehen bei der Softwareentwicklung hat zur Folge, dass man häufig in Sackgassen gerät oder Umwege einschlagen muss, um ans Ziel zu gelangen.

Dies mag ein Grund dafür sein, dass sich die Software, obwohl hervorragende Fortschritte erzielt werden, hauptsächlich in die Breite entwickelt. Es werden immer neue Spezialprobleme gelöst, die einzeln kaum größere Schwierigkeiten aufweisen als frühere Probleme und die selten grundlegend neue Techniken erfordern.

In Richtung vorwärts bewegt sich die kommerzielle Softwareentwicklung nur sehr langsam, was z. B. daran erkannt werden kann, wie lange es dauert, bis Konzepte, die von Informatik-Forschern entwickelt worden sind, in die Praxis umgesetzt werden. Das deutlichste Beispiel ist das objektorientierte Programmieren, das schon in den siebziger Jahren bekannt war und erst jetzt den Sprung in die kommerzielle Programmierung geschafft hat.

Ein Hauptgrund für die langsame geradeausgerichtete Softwareentwicklung scheint mir die mangelnde Kenntnis der theoretischen Zusammenhänge zu sein, die entweder auf diesem neuen Gebiet noch nicht bekannt sind, oder die sich die Programmierer aus Eile nicht aneignen können bzw. wollen.

Es gibt ein hervorragendes Beispiel, wie ad hoc-programmierte Anwendungen einen fundamentalen Schub nach vorne erfuhren, nachdem eine theoretische Durchleuchtung der Problematik erfolgt war: der Compilerbau. Als die Computerwissenschaftler zusammen mit den Linguisten die Theorie der formalen Sprachen entwickelt hatten, konnten plötzlich völlig neuartige Techniken bei der Entwicklung von Compilern realisiert werden, die sogar dazu führten, dass heute wesentliche Teile eines Compilers automatisch erstellt werden.

Hier wird die Aufgabe der Theoretischen Informatik, die sich inzwischen zu einer fruchtbaren Forschungsdisziplin entwickelt hat, besonders anschaulich. Mit Ergebnissen aus der Theoretischen Informatik sollen neue Wege erschlossen werden und qualitative Fortschritte in der praktischen Informatik erzielt werden, die einen grundlegenden Schritt nach vorne bedeuten.

In diesem Buch wird die Theorie der formalen Sprachen und Automaten als ein Teil der Theoretischen Informatik, der besonders ausgereift ist und heute zum Standardwissen eines jeden Informatikers gehören sollte, in Form einer Einführung dargestellt. Der behandelte Stoff ist die theoretische Grundlage nicht nur des Compilerbaus, sondern auch der Verarbeitung natürlicher Sprache und aller Softwaretechniken, die das automatische Verarbeiten von formalen Objekten zum Inhalt haben.

Durch meine Tätigkeit an einer Fachhochschule war ich vor die Situation gestellt, einen schon für Universitätsstudenten oft zu abstrakten, schwierigen und häufig ungeliebten Stoff für eine Zuhörerschaft aufzubereiten, die noch mehr durch Praxisorientiertheit gekennzeichnet ist. Ich habe mir deshalb zum Ziel gesetzt, möglichst solche Inhalte zu vermitteln, die konstruktiv mit anschaulichen Algorithmen erklärt werden können. Es war mir auch wichtig, die Stofffülle überschaubar zu halten, damit sie in einer vierstündigen Vorlesung in einem Semester bewältigt werden kann, deshalb habe ich auf Optimierungsaspekte hier weitgehend verzichtet.

An der formalen Strenge der Darstellung möchte ich keine Abstriche machen, denn das sichere Umgehen mit Formalismen im Stile der Theoretischen Informatik ist durchaus eines der Lernziele, die ich verfolge.

Ich hoffe, dass ich durch dieses Buch beitragen kann, die Grundlagen der Theorie der formalen Sprachen und Automaten einem möglichst großen Leserkreis zu erschließen, und wünsche Ihnen viel Spass bei der Lektüre.

Konstanz, im Juli 2000   Ulrich Hedtstück

Vorwort zur 2., überarbeiteten Auflage

Durch die Einführung des weltweiten Standards XML (eXtensible Maurkup Language) für Anwendungen im Word Wide Web hat die Entwicklung der Informatik in den letzten Jahren einen weiteren entscheidenden Impuls erhalten, der im Wesentlichen auf Kenntnissen aus der Theorie der formalen Sprachen und der Automathentheorie basiert. Mit Hilfe der Spezifikation von Datenformaten auf der Grundlage kontextfreier Grammatiken sowie den Einsatz geeigneter Parsingtechnologien können unterschiedlichste Dateninhalte zu unterschiedlichsten Zwecken in einheitlicher Weise übers Internet ausgetauscht und weiterverarbeitet werden. Der Bedeutung dieser aktuellen und kommerziell höchst relevanten Technologie wollte ich Rechnung tragen und habe einen Abschnitt über XML zum Kapitel 4 hinzugefügt, der insbesondere auch einen ersten Einblick in XML-Schemata als zukünftigen Spezifikationsstandard bietet.

Die Herausgabe einer zweiten Auflage des vorliegenden Buches gab mir zudem die Gelegenheit, einige Stellen zu optimieren sowie Druckfehler und Ungenauigkeiten zu beseitigen, die sich zu meinem Leidwesen in der ersten Auflage eingeschlichen hatten. Für entsprechende Hinweise bin ich Michael Czymmeck, Klaus Hager, Eduard Klein und Hans Werner Lang zu besonderem Dank verpflichtet. Auch für die hervorragende Zusammenarbeit mit dem Oldenbourg Verlag, insbesondere mit Frau Irmela Wedler, möchte ich mich an dieser Stelle ganz herzlich bedanken.

Konstanz, im Mai 2002   Ulrich Hedtstück

Vorwort zur 5., überarbeiteten Auflage

In der fünften Auflage habe ich neben der Optimierung vieler Formulierungen, einigen gestalterischen Verbesserungen und der Aktualisierung des Literaturverzeichnisses die Abschnitte 3.8 „Reguläre Ausdrücke", 4.2.1 „Mehrdeutigkeiten in Programmiersprachen", 4.10.2 „XML-Schemata" sowie 5.4 „Komplexitätsuntersuchungen mit Hilfe von Turingmaschinen" überarbeitet und erweitert. Auch den Übungsteil habe ich um einige neue Aufgaben und Lösungsvorschläge ergänzt.

Für die angenehme und konstruktive Zusammenarbeit danke ich dem Oldenbourg Verlag sehr herzlich.

Konstanz, im Juli 2012   Ulrich Hedtstück

Inhaltsverzeichnis

Vorwort	vii
Einleitung	1
1 Formale Sprachen	**5**
1.1 Buchstaben, Wörter, Sprachen	6
1.2 Klassen von unendlichen Sprachen	9
1.2.1 Abzählbare Sprachen	9
1.2.2 Aufzählbare Sprachen	15
1.2.3 Entscheidbare Sprachen	16
1.2.4 Zusammenfassendes Mengendiagramm	19
1.3 Wieviele Probleme kann der Computer lösen?	19
Übungen	21
2 Grammatiken	**23**
2.1 Grundlegende Definitionen	25
2.2 Die Chomsky-Hierarchie	32
2.3 Weitere Formalismen für kontextfreie Sprachen	37
2.3.1 Backus-Naur-Form (BNF)	38

		2.3.2 Erweiterte Backus-Naur-Form (EBNF)	39

       2.3.2   Erweiterte Backus-Naur-Form (EBNF) 39

       2.3.3   Syntaxdiagramme 41

  Übungen 44

3 Endliche Automaten und reguläre Sprachen   49

  3.1   Arbeitsweise endlicher Automaten 50

  3.2   Grundlegende Begriffe 53

  3.3   Zustandsdiagramme 56

  3.4   Nichtdeterministische endliche Automaten 59

  3.5   Reguläre Sprachen – endliche Automaten 62

  3.6   Zustandsbäume 67

  3.7   Eine kontextfreie Sprache, die nicht regulär ist 69

  3.8   Reguläre Ausdrücke 72

       3.8.1   Reguläre Ausdrücke – reguläre Sprachen 75

  3.9   Scanner und Scanner-Generatoren 81

  3.10 Suche nach regulären Sprachen 82

  3.11 Abkürzungen für reguläre Ausdrücke 84

  3.12 Wildcards 86

  Übungen 91

4 Kellerautomaten und kontextfreie Sprachen   95

  4.1   Ableitungsbäume 96

  4.2   Das Problem der Mehrdeutigkeit 98

       4.2.1   Mehrdeutigkeiten in Programmiersprachen 103

  4.3   Das Prinzip der Top-Down-Analyse 106

  4.4   Parser als Erkennungsalgorithmen 110

4.5   Arbeitsweise von Kellerautomaten 112
  4.6   Nichtdeterministische Kellerautomaten 114
  4.7   Kontextfreie Sprachen – Kellerautomaten 120
  4.8   Chomsky-Normalform 123
  4.9   Eine kontextsensitive Sprache, die nicht kontextfrei ist 126
  4.10 Die Extensible Markup Language XML 129
        4.10.1 Document Type Definitions 131
        4.10.2 XML-Schemata 133
        4.10.3 Mehrdeutigkeiten in DTDs und XML-Schemata 136
  Übungen 137

5 Turingmaschinen   145
  5.1   Arbeitsweise von Turingmaschinen 146
  5.2   Erkennung von Sprachen durch Turingmaschinen 148
  5.3   Turing-Berechenbarkeit 151
  5.4   Komplexitätsuntersuchungen 154
        5.4.1 Komplexitätsmaße 155
        5.4.2 Die Klassen P und NP 157
  Übungen 162

Lösungshinweise für ausgewählte Übungen   165

Literatur   171

Index   173

Einleitung

Die Theorie der formalen Sprachen und die Automatentheorie beschäftigen sich mit den Möglichkeiten zur formalen Beschreibung und automatischen Verarbeitung von gedanklichen Gebilden wie Wörter, Sätze oder Verfahrensanweisungen. Dabei ist das Hauptziel, eine Kommunikation zwischen Menschen und Computern zu ermöglichen.

Um einen Computer dazu zu bringen, eine vorgesehene Aufgabe zu erledigen, formuliert der Benutzer geeignete Verfahrensanweisungen oder Algorithmen in einer formalen und maschinenlesbaren Sprache. Der Computer muss erkennen, ob diese Formulierungen zulässig sind, und wenn ja, stellt er sich einen internen Arbeitsplan zusammen und führt die gewünschten Aktionen aus.

Der Formulierungsaspekt dieses Prozesses ist Gegenstand der Theorie der formalen Sprachen, die verschiedene, z. T. aus der Linguistik stammende Prinzipien und Gestaltungsrahmen bereitstellt. Der Erkennungsaspekt wird in der Automatentheorie behandelt, indem geeignete Techniken und Algorithmen zur Verfügung gestellt werden, die überprüfen, ob die Eingabe für eine Weiterverarbeitung akzeptiert werden kann oder nicht. Es ist offensichtlich, dass eine starke Abhängigkeit der Erkennungsalgorithmen von den Eingabeformalismen, und umgekehrt, besteht.

Die Erstellung eines internen Arbeitsplans und der Aktionsteil für ein zulässiges Programm sind Mechanismen, die nicht mehr ausschließlich von der zugrundegelegten Sprache abhängen, sondern müssen stark Hardware-spezifisch durchgeführt werden. Deshalb interessiert uns hier nur der Teil eines Kompiliervorgangs, der die Zulässigkeit einer Eingabe als Programm überprüft.

Das folgende Schema zeigt die wesentlichen Schritte bei der Kompilierung und macht deutlich, welche Sprachtypen und Erkennungsprinzipien dabei eine Rolle spielen. Dabei verwenden wir hier schon die entsprechenden Fachbegriffe, die in späteren Kapiteln noch ausführlich vorgestellt werden.

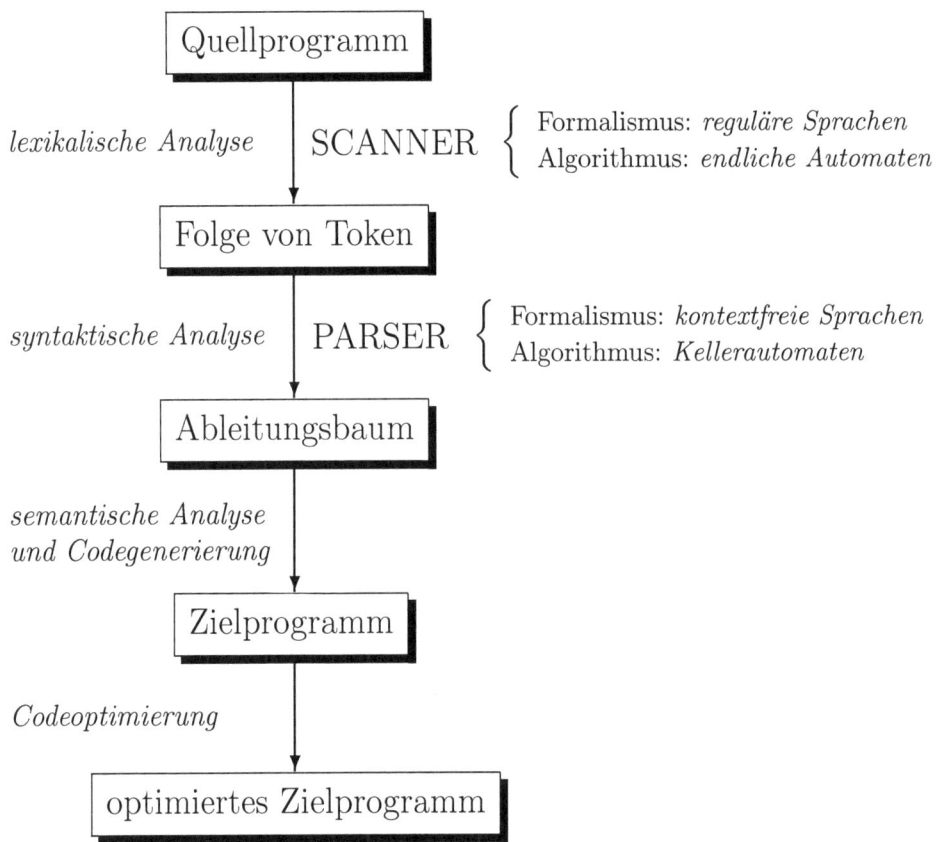

Die Überprüfung, ob eine Eingabe ein zu akzeptierendes Programm darstellt, wird im Wesentlichen durch den Scanner und den Parser erledigt, die in verzahntem Ablauf Stück für Stück den Eingabestring auf unterschiedlichen Sprachebenen abarbeiten. Dabei hat der Scanner die Aufgabe, die einzelnen Eingabezeichen (z. B. ASCII-Zeichen) zu so genannten Eingabesymbolen oder Tokens zusammenzufassen (Schlüsselwörter, Bezeichner, Zahlen usw.), der Parser überprüft, ob mit diesen Eingabesymbolen Programmkonstrukte wie Ausdruck, Sequenz, Schleife oder Alternative korrekt gebildet worden sind. Als Ergebnis wird ein so genannter Ableitungsbaum erstellt, aus dem nach einer semantischen Analyse schließlich der Zielcode generiert wird.

Dieselben Techniken werden nicht nur bei der Übersetzung von Programmen eingesetzt, sondern auch bei der maschinellen Verarbeitung natürlicher Sprache, etwa bei der natürlichsprachlichen Kommunikation mit Computern oder bei der maschinellen Übersetzung.

Ganz generell können diese Konzepte verwendet werden, wann immer es um die maschinelle Verarbeitung von Formalismen geht. Weitere Anwendungsbeispiele sind das Übersetzen von einem Datenformat in ein anderes (z. B. CAD-Datenformate), die Verarbeitung von Datenbankabfragen, Textverarbeitung mit Editoren oder das Erkennen von Schrift und Bildern.

Die Theorie der formalen Sprachen bzw. die Automatentheorie liefern nicht nur eine theoretische Grundlage für das Erkennen und Verarbeiten von Formalismen, sondern auch einen theoretischen Rahmen für die Untersuchung der Möglichkeiten zur Problemlösung durch den Computer. Das Prinzip der Turingmaschinen ist so grundlegend, dass damit alles algorithmische Denken des Menschen begründet werden kann. Anhand dieses theoretischen Algorithmus-Modells werden einerseits Grenzen und Möglichkeiten der automatischen Problemlösung aufgezeigt, andererseits können praktisch relevante Folgerungen für die Entwicklung effizienter, d. h. schneller Computerprogramme abgeleitet werden.

Kapitel 1

Formale Sprachen

Eine natürliche Sprache wird im Wesentlichen durch sprachliche Sätze charakterisiert, die von Menschen geäußert werden, wobei man grammatikalische Korrektheit und sinnvollen Gebrauch voraussetzt. Natürliche Sprachen sind außerordentlich komplex und können nicht vollständig durch ein allgemein gültiges Regelwerk beschrieben werden. Zwar hat man heute sehr gute Regelwerke für die grammatikalische Korrektheit (Syntax) von einzelnen Sätzen, aber die Bedeutung (Semantik) eines Satzes oder gar Textes lässt sich nur ansatzweise mit formalen Methoden erfassen.

Ein großes Problem bei natürlichen Sprachen ist z. B., dass viele Äußerungen mehrdeutig sind, und zwar nicht nur in ihrer Bedeutung, sondern auch in ihrer syntaktischen Struktur. So kann etwa in der Anweisung „Öffne die Datei mit dem Editor" der Satzteil „mit dem Editor" sowohl als Attribut des Objekts „Datei" als auch als Adverbiale Bestimmung des Verbs „öffnen" interpretiert werden.

Deshalb können natürliche Sprachen nicht für die Beschreibung von Aufgaben, die ein Computer lösen soll, verwendet werden, außer in sehr eingeschränkter Form, etwa als Steuerungsbefehle von technischen Geräten oder als Datenbankabfragesprache. Besser eignen sich formale Sprachen wie Programmiersprachen, in denen auf der Basis einer relativ kleinen Menge von syntaktischen Regeln Programme formuliert werden, die eine Semantik aufweisen, die von Rechnern weitgehend verstanden wird.

Die Theorie der formalen Sprachen bietet eine theoretische Grundlage für alle Sprachen an, die mit automatischen Verfahren verarbeitet werden, wobei hauptsächlich syntaktische Aspekte berücksichtigt werden. Wichtige Begriffe wie Alphabet, Buchstabe oder Wort, die vom Umgang mit natürlichen Sprachen her geläufig sind, werden dabei verallgemeinert.

1.1 Buchstaben, Wörter, Sprachen

Zum Verständnis der folgenden Definitionen hilft die Veranschaulichung anhand der analogen Verwendung in der natürlichen Sprache.

Definition: (Alphabet, Wort, Sprache)

Ein *Alphabet* ist eine endliche, nichtleere Menge von *Zeichen* (auch *Symbole* oder *Buchstaben* genannt). Wir verwenden meist V als Abkürzung für Alphabete (von engl.: *vocabulary*).

Sei V ein Alphabet und $k \in I\!N$. Dabei ist $I\!N = \{0, 1, 2, ...\}$ die Menge der natürlichen Zahlen einschließlich der Null.

Eine endliche Folge $(x_1, ..., x_k)$ mit $x_i \in V$ $(i = 1, ..., k)$ heißt *Wort über V der Länge k*. Es gibt genau ein Wort der Länge 0, das *Leerwort*, das wir mit ε bezeichnen.

Die Länge eines Wortes x wird durch $|x|$ dargestellt.

Wir verwenden, wann immer es das Alphabet erlaubt, die Kurzschreibweise $x_1 x_2 ... x_k$ für Wörter, indem wir die Zeichen einfach aneinanderfügen. (Beim Alphabet $\{1,11\}$ wäre dies nicht möglich, denn man könnte z. B. bei dem Wort 111 nicht erkennen, aus welchen Zeichen es besteht.)

V^* bezeichnet die *Menge aller Wörter* über V.

Die Menge der *nichtleeren* Wörter über V ist

$$V^+ := V^* \setminus \{\varepsilon\}.$$

Jede (beliebige) Teilmenge von V^* wird als *Sprache* oder *formale Sprache* bezeichnet.

In diesem allgemeinen Sinn fassen wir jede Menge als Alphabet auf, sofern sie nichtleer und endlich ist, und jede Wortmenge wird als Sprache bezeichnet.

1.1 Buchstaben, Wörter, Sprachen

Bei natürlichen Sprachen müssen zwei Betrachtungsebenen unterschieden werden. Auf der unteren Ebene werden Wörter über dem Alphabet $\{a, b, c, ..., z\}$ gebildet, aus denen der *Wortschatz* der Sprache (im Deutschen etwa die Menge der Einträge im Duden) besteht. Auf einer höheren Ebene dient dieser Wortschatz selbst als Alphabet, und die Wörter, die mit diesem Alphabet gebildet werden, sind die grammatikalisch korrekten und semantisch zulässigen Sätze. Diese beiden Betrachtungsweisen finden sich ganz analog bei Programmiersprachen wieder (siehe die folgenden Beispiele).

Wir werden sehen, wie grammatikalische Korrektheit bei formalen Sprachen definiert ist (siehe nächstes Kapitel). Dagegen werden semantische Aspekte hier nicht behandelt, da sie einer automatischen Verarbeitung nur in Ansätzen zugänglich sind.

Die wichtigste Operation für Wörter besteht aus dem Verketten einzelner Wörter, wie wir es besonders in der deutschen Sprache durch das Bilden von Komposita kennen (z. B. *Dampfschifffahrt*).

Definition: (Verkettung)

Sei V ein Alphabet. Die *Verkettung* (*Konkatenation*) von Wörtern $x, y \in V^*$ ergibt ein neues Wort xy, wobei gilt:

$$xy = \underbrace{x_1...x_k}_{x}\underbrace{y_1...y_l}_{y}, \qquad (x_i, y_j \in V).$$

Wir verwenden die Abkürzung

$$x^n = \underbrace{x...x}_{n-mal}, \qquad (x \in V^*).$$

Dabei gilt: - $x^0 = \varepsilon$
- $x\varepsilon = \varepsilon x = x$ für alle $x \in V^*$ (spez. $\varepsilon\varepsilon = \varepsilon$).

Beispiele:

1. **V = {0,1}**

    Die Wörter über V sind alle endlichen 0-1-Folgen inklusive das Leerwort ε, d.h. $V^* = \{\varepsilon, 0, 1, 00, 01, 10, 11, 000, 001, ...\}$. Eine typische Sprache L über V ist die Menge aller vorzeichenlosen Binärzahlen ohne führende Nullen: $L = \{0, 1, 10, 11, 100, 101, 110, 111, 1000, 1001, ...\}$.

2. $V = \{0,1,\ldots,9\}$

    Dieses Alphabet ist z. B. geeignet zur Darstellung von natürlichen Zahlen wie 31704 in Dezimalschreibweise.

3. $V = \{1\}$

    Dieses einelementige Alphabet kann zur *unären* Darstellung von natürlichen Zahlen verwendet werden. Dabei gilt:
    $0 \mathrel{\hat=} 1$, $1 \mathrel{\hat=} 11$, $2 \mathrel{\hat=} 111$, $3 \mathrel{\hat=} 1111$, ...
    (Das Zeichen $\hat=$ hat die Bedeutung *entspricht*.)

4. $V = \{a,b,c,\ldots,z\}$

    Dies ist das den Wörtern einer natürlichen Sprache zugrundegelegte Alphabet, eventuell erweitert um Großbuchstaben, Umlaute und Sonderzeichen. Wörter wie „das", „ist", „Haus" bilden den Wortschatz einer Sprache.

5. **V = Menge der Worteinträge eines Lexikons**

    Z. B. bildet die Menge der Einträge im Duden ein Alphabet, mit dem natürlichsprachliche Äußerungen wie „Das Haus ist aus Ziegeln gebaut" formuliert werden. Solche korrekt gebildeten Sätze (auf dieser Sprachebene sind dies Wörter über dem Alphabet der Dudeneinträge) stellen die deutsche Sprache dar. Ob ein Satz korrekt ist, kann mit Hilfe von Grammatikregeln entschieden werden (siehe nächstes Kapitel).

6. $V = $ **ASCII** (American Standard Code for Information Interchange)
    oder
    $V = $ **EBCDIC** (Extended Binary-Coded Decimal Interchange Code)

    Programme einer Programmiersprache werden üblicherweise mit einem dieser Alphabete formuliert. Man könnte zwar Programme als endliche Folgen solcher Zeichen auffassen, jedoch unterscheidet man, ganz analog zu natürlichen Sprachen, zwei Betrachtungsebenen. Auf der unteren Ebene werden mit ASCII- bzw. EBCDIC-Zeichen zunächst so genannte *Eingabesymbole* gebildet. Bei der Programmiersprache C unterscheidet man fünf Sorten von Eingabesymbolen: *Schlüsselwörter*, *Bezeichner*, *Literale*, *Operatoren* und *Begrenzer*. Der erste Schritt bei der Kompilierung eines Programms besteht darin, die einzelnen Eingabesymbole herauszuarbeiten. So muss z. B. die Zeichenfolge `while` als Schlüsselwort identifiziert werden, dagegen wäre `whilex` ein Bezeichner.

7. V = Menge der Eingabesymbole einer Programmiersprache

   Auf dieser Stufe sind Programme Wörter von Eingabesymbolen. Als Programmiersprache kann man die Menge aller endlichen Folgen von Eingabesymbolen auffassen, die ein korrektes Programm darstellen, wobei mit Hilfe von Grammatiken festgelegt wird, wie die einzelnen Eingabesymbole zu einem korrekten Programm zusammengefügt werden.

   Die folgende Anweisung der Programmiersprache C

   ```
   while(x3 < 100) x3 += 1;
   ```

   ist demnach ein Teilwort eines Programms bestehend aus den Eingabesymbolen `while` (Schlüsselwort), `(` (Begrenzer), `x3` (Bezeichner), `<` (Operator), `100` (Literal), `)` (Begrenzer), `x3` (Bezeichner), `+=` (Operator), `1` (Literal) und `;` (Begrenzer).

1.2 Klassen von unendlichen Sprachen

Die Menge V^* aller Wörter über einem Alphabet V ist immer unendlich (siehe oben die ersten drei Beispiele), sie ist also unabhängig vom zugrundegelegten Alphabet eine unendliche Sprache. Unendliche Sprachen begegnen uns in der Informatik in vielfältiger Weise, so dass es sich lohnt, genauer zu untersuchen, welche Rolle das Problem der Unendlichkeit bei Sprachen spielt.

Aus der Mathematik ist bekannt, dass man formal mit unendlichen Zahlenmengen umgehen kann, wobei man zwei grundlegende Größenordnungen der Unendlichkeit unterscheidet: abzählbare Mengen und überabzählbare Mengen.

1.2.1 Abzählbare Sprachen

Die Eigenschaft der Abzählbarkeit einer Menge drückt im Wesentlichen aus, dass man von dem ersten Element, dem zweiten Element usw. sprechen kann. Es muss also möglich sein, die Nummern 1,2,3,... auf die Elemente der Menge so zu verteilen, dass keines der Elemente ohne Nummer bleibt. Dies kann formal mit der folgenden Definition beschrieben werden, wobei wir wie in der Mathematik üblich beim Durchnummerieren mit der Null beginnen.

Definition: (Abzählbarkeit)

Eine Menge M ist *abzählbar*, falls es eine Funktion $f : I\!N \to M$ gibt, die surjektiv ist (d.h. alle Elemente aus M kommen als Bildelement vor), oder falls $M = \emptyset$.

Ist eine Menge nicht abzählbar, so heißt sie *überabzählbar*.

Bemerkung: Sprachen sind Mengen und können entsprechend als *abzählbar* charakterisiert werden. Wir werden später sehen, dass alle Sprachen abzählbar sind. Eine wesentliche Voraussetzung dafür ist, dass Wörter immer eine endliche Länge haben müssen.

Beispiel:

Die Menge der Zweierpotenzen ist abzählbar, wie die folgende Zuordnung zeigt:

$$
\begin{array}{ccl}
I\!N & & M \\
0 & \longrightarrow & 1 \;\; = 2^0 \\
1 & \longrightarrow & 2 \;\; = 2^1 \\
2 & \longrightarrow & 4 \;\; = 2^2 \\
3 & \longrightarrow & 8 \;\; = 2^3 \\
4 & \longrightarrow & 16 = 2^4 \\
\vdots & &
\end{array}
$$

Jede endliche Menge ist abzählbar, denn unter einer surjektiven Abbildung dürfen Elemente des Bildbereichs beliebig oft als Bild auftreten, sie können also mit beliebig vielen Nummern versehen werden. Die folgende Skizze macht dies an einer dreielementigen Menge deutlich:

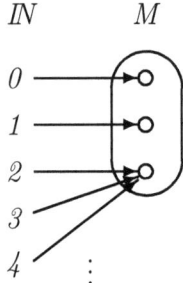

1.2 Klassen von unendlichen Sprachen 11

Die Charakterisierung als abzählbare Menge ist folglich nur für unendliche Mengen interessant.

Wir wollen als nächstes das Beispiel einer unendlichen abzählbaren Menge vorstellen, bei der es nicht auf den ersten Blick ersichtlich ist, dass sie abzählbar ist, die Menge der rationalen Zahlen.

Die Abzählbarkeit der rationalen Zahlen

Die rationalen Zahlen sind diejenigen Zahlen, die sich als Bruch $\frac{p}{q}$ darstellen lassen, wobei p und q (positive oder negative) ganze Zahlen sind, mit $q \neq 0$. Typische rationale Zahlen sind $\frac{2}{3}$ oder $-\frac{5}{2}$, typische nichtrationale (irrationale) Zahlen sind $\sqrt{2}$, π oder e.

Obwohl in jedem noch so kleinen Intervall der Zahlengeraden unendlich viele rationale Zahlen liegen (man sagt: sie liegen *dicht* auf der Zahlengeraden), sind die rationalen Zahlen abzählbar.

Die Abzählbarkeit der rationalen Zahlen hat Georg Cantor (1845-1918) gegen Ende des 19. Jahrhunderts mit dem folgenden Durchnummerierungsschema, dem *1. Cantorschen Diagonalverfahren*, gezeigt:

$$
\begin{array}{cccccc}
0 \rightarrow & \frac{1}{1} \rightarrow & -\frac{1}{1} & \frac{2}{1} \rightarrow & -\frac{2}{1} & \frac{3}{1} \cdots \\
& \swarrow & \nearrow & \swarrow & & \\
& \frac{1}{2} & -\frac{1}{2} & \frac{2}{2} & -\frac{2}{2} & \frac{3}{2} \cdots \\
\downarrow & \nearrow & \swarrow & & \ddots & \\
\frac{1}{3} & -\frac{1}{3} & \frac{2}{3} & -\frac{2}{3} & \frac{3}{3} \cdots \\
& \swarrow & \nearrow & & & \\
\frac{1}{4} & -\frac{1}{4} & \frac{2}{4} & -\frac{2}{4} & \frac{3}{4} \cdots \\
\downarrow & \nearrow & & & & \\
\frac{1}{5} & -\frac{1}{5} & \frac{2}{5} & -\frac{2}{5} & \frac{3}{5} \cdots \\
\vdots & \vdots & \vdots & \vdots & \vdots & \ddots
\end{array}
$$

Übergeht man auf dem Weg, der durch die Pfeile vorgegeben ist, alle Brüche, die man kürzen kann, so wird jede rationale Zahl genau einmal angetroffen. Die so erhaltene Folge der rationalen Zahlen beginnt dann folgendermaßen: $0, 1, -1, \frac{1}{2}, \frac{1}{3}, -\frac{1}{2}, 2, -2, -\frac{1}{3}, \ldots$.

Die Überabzählbarkeit der reellen Zahlen

Die reellen Zahlen setzen sich aus den rationalen Zahlen und allen anderen Zahlen zusammen, die sich auf der Zahlengeraden befinden, also Zahlen wie $\sqrt{2}$, π oder e.

Zum Nachweis, dass die reellen Zahlen nicht abzählbar sind, genügt es, sich auf die reellen Zahlen zwischen 0 und 1 zu beschränken, denn wenn diese Teilmenge schon nicht durchnummeriert werden kann, dann wird dies erst recht nicht für die umfassende Menge aller reellen Zahlen gelingen.

Der Beweis für die Nichtabzählbarkeit der reellen Zahlen soll indirekt geführt werden (siehe [Courant und Robbins, 1974]). Dazu nehmen wir an, die Menge der reellen Zahlen zwischen 0 und 1, also die reellen Zahlen des Einheitsintervalls, wären doch abzählbar.

Dann müsste es möglich sein, sie mit Nummern 1, 2, 3, ... zu versehen, so dass man von der Folge der reellen Zahlen $r_1, r_2, r_3, \ldots$ zwischen 0 und 1 sprechen könnte (hier ist es anschaulicher, das Zählen mit der Eins zu beginnen). Wir umgeben nun jede dieser Zahlen der Reihe nach mit einem reellen Intervall $i_1, i_2, i_3, \ldots$, das jeweils ganz im Einheitsintervall enthalten ist. Das erste Intervall soll die Länge $\frac{1}{10}$ haben, das zweite die Länge $\frac{1}{10^2}$, das dritte die Länge $\frac{1}{10^3}$ usw. Da die Zahl nicht in der Mitte des zugehörigen Intervalls liegen muss, kann man das Intervall ohne Probleme so wählen, dass es ganz im Einheitsintervall enthalten ist.

Da die reellen Zahlen zwischen 0 und 1 das Einheitsintervall lückenlos ausfüllen, müssten die Intervalle das gesamte Einheitsintervall, eventuell mit Überschneidungen, überdecken, so dass die Summe S ihrer Längen mindestens 1 ergäbe.

Man sieht nun aber leicht, dass sich die Summe S der einzelnen Längen zu

$$S = \frac{1}{10} + \frac{1}{10^2} + \frac{1}{10^3} + \ldots = 0,1 + 0,01 + 0,001 + \ldots = 0,111\ldots = \frac{1}{9}$$

berechnet, was offensichtlich einen Widerspruch ergibt.

Somit hat die Annahme der Abzählbarkeit der reellen Zahlen zwischen 0 und 1 zu einem Widerspruch geführt und muss deshalb verworfen werden, das heißt, die reellen Zahlen zwischen 0 und 1 sind nicht abzählbar, und damit ist die gesamte Menge der reellen Zahlen nicht abzählbar.

1.2 Klassen von unendlichen Sprachen

Bemerkung: Diese Argumentation basiert im Wesentlichen darauf, dass die reellen Zahlen im Gegensatz zu den rationalen Zahlen keine Lücken auf der Zahlengeraden aufweisen. Deshalb überdecken die sie umschließenden Intervalle das Einheitsintervall lückenlos und ergeben zusammengenommen mindestens die Länge 1.

Wir zeigen nun, dass alle Sprachen abzählbar sind. Dazu beweisen wir, dass es über einem Alphabet nur abzählbar viele Wörter gibt, und zeigen anschließend, dass jede Teilmenge einer abzählbaren Menge abzählbar ist.

Satz:
Die Menge V^* aller Wörter über einem Alphabet V ist abzählbar.

Beweis:
Sei $V = \{x_1, ..., x_n\}$. Wir definieren auf V eine Ordnungsrelation $<<$ und nehmen ohne Beschränkung der Allgemeinheit an, dass $x_1 << ... << x_n$ gelte. Wir ordnen die Menge V^* der Wörter über V zunächst der Länge nach, beginnend beim kürzesten Wort ε. Bei gleicher Länge ordnen wir die Wörter *lexikographisch*, d.h. zunächst bestimmt das erste Zeichen des Worts die Reihenfolge, bei gleichem ersten Zeichen kommt es auf das zweite Zeichen an, usw. (wie im Lexikon oder im Telefonbuch). Damit haben wir eine Reihenfolge aller Wörter über V festgelegt, was für den Nachweis der Abzählbarkeit von V^* ausreichend ist. □

Wir zeigen die in dem Beweis beschriebene Reihenfolge für die Wörter aus V^* anhand des zweielementigen Alphabets $V = \{a, b\}$:

$I\!N$		$\{a,b\}^*$	
0	⟶	ε	*Wort der Länge 0*
1	⟶	a	*Wörter der Länge 1*
2	⟶	b	
3	⟶	aa	*Wörter der Länge 2*
4	⟶	ab	
5	⟶	ba	
6	⟶	bb	
7	⟶	aaa	*Wörter der Länge 3*
8	⟶	aab	
9	⟶	aba	
10	⟶	abb	
11	⟶	baa	
⋮			

Satz:
Jede Teilmenge M' einer abzählbaren Menge M ist abzählbar.

Beweis:
Sei M abzählbar. Die Fälle $M = \emptyset$ bzw. $M' = \emptyset$ sind klar. Andernfalls sei $f : \mathbb{N} \to M$ die nach Definition existierende surjektive Funktion. Wir definieren $f' : \mathbb{N} \to M'$ durch

$$f'(n) = \begin{cases} f(n), & \text{falls } f(n) \in M' \\ w \text{ mit } w \in M' \text{ beliebig gewählt}, & \text{falls } f(n) \notin M' \end{cases}$$

Die folgende Skizze zeigt links den Fall $f(n) \in M'$ und rechts den Fall $f(n) \notin M'$:

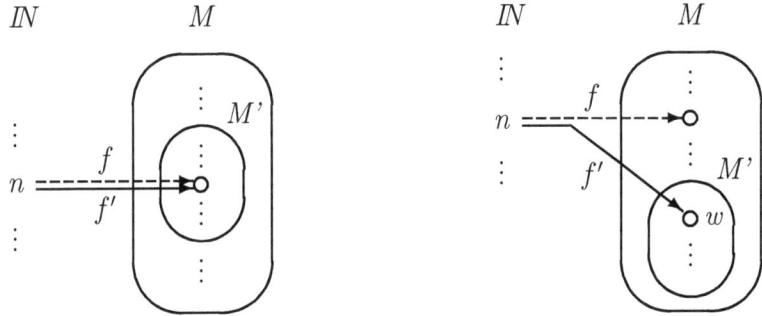

Da f surjektiv ist, kommen alle Elemente von M' als Bildelemente von f vor. Diese sind aber auch Bildelemente von f' (Fall $f(n) \in M'$), also ist f' surjektiv. $\square$

Folgerung: Da für jedes Alphabet V die Menge V^* aller Wörter über V abzählbar ist, ist jede Sprache abzählbar.

Bemerkung: Dass jede Teilmenge einer abzählbaren Menge ebenfalls abzählbar ist, mag zwar auf den ersten Blick selbstverständlich scheinen, doch oftmals übertragen sich Eigenschaften von Mengen nicht auf die Teilmengen. Z. B. hat die Menge der ganzen Zahlen die Eigenschaft, dass die Subtraktion zweier Zahlen nicht aus diesem Zahlenbereich hinausführt. Die Teilmenge der natürlichen Zahlen hat diese Eigenschaft nicht mehr. (Z. B. ist 3 - 7 keine natürliche Zahl.)

1.2.2 Aufzählbare Sprachen

Bei der Definition für die Abzählbarkeit haben wir nur die Existenz einer Durchnummerierung gefordert. Wie aus der Mathematik bekannt ist, kann man manchmal auf die Existenz eines Dinges schließen, ohne genau zu wissen, wie es aussieht. Dies ist oftmals unbefriedigend und es gibt sogar einen ganzen Zweig der Mathematik, der *Konstruktivismus* oder *Intuitionismus*, in dem alle Teile der Mathematik abgelehnt werden, die nicht durch *algorithmische Verfahren* hergeleitet werden können.

Ein algorithmisches Verfahren oder ein *Algorithmus* ist eine Vorschrift, gegeben durch eine endliche Menge von Regeln, die ein bestimmtes Problem löst: abhängig von Eingaben aus einer vorgegebenen Menge soll schrittweise eine Ausgabe in einer bestimmten Form geliefert werden. Wir können uns hier unter einem Algorithmus immer ein Computerprogramm vorstellen (etwa formuliert in der Programmiersprache C), denn aus der allseits akzeptierten so genannten *Churchschen These* folgt, dass alle im intuitiven Sinne algorithmischen Verfahren durch ein Computerprogramm modelliert werden können (siehe z. B. [Sipser, 2006]).

Auf Rechnern kann prinzipiell nur der konstruktivistische Teil der Mathematik realisiert werden, deshalb kann man lediglich diejenigen abzählbaren Sprachen im Computer verarbeiten, deren Elemente durch ein Konstruktionsverfahren erzeugt werden können.

Dies führt zu der folgenden Einschränkung der Abzählbarkeit:

Definition: (Aufzählbarkeit)

> Eine Menge M ist *aufzählbar* (auch *rekursiv aufzählbar* oder *semi-entscheidbar*), falls es eine surjektive Funktion $f : \mathbb{N} \to M$ gibt, und einen Algorithmus, der es gestattet, für jedes $n \in \mathbb{N}$ den Funktionswert $f(n)$ zu berechnen, oder falls $M = \emptyset$.
>
> Die Folge $f(0), f(1), f(2), \ldots$ heißt *Aufzählung* von M.

Bemerkung: Da Sprachen Mengen sind, spricht man entsprechend von *aufzählbaren Sprachen*.

Satz:
Jede endliche Menge ist aufzählbar.

Beweis:
Sei $M = \{m_0, ..., m_k\}$ eine endliche Menge. Ein Programm zur Aufzählung von M kann nach dem folgenden Prinzip realisiert werden:

Abhängig vom Eingabeparameter $n = 0, 1, 2, ...$ wird mit Hilfe geeigneter Fallunterscheidungen für $n < k$ das Ergebnis $f(n) = m_n$ zurückgegeben, für $n \geq k$ wird generell m_k als Ergebnis gewählt. $\square$

Satz:
Sei V ein Alphabet. Dann ist die Menge V^* aller Wörter über V aufzählbar.

Beweis:
Erzeuge ε, dann die Wörter der Länge 1, dann die Wörter der Länge 2 usw., bei gleicher Länge in lexikographischer Reihenfolge. Für beliebiges $n \in \mathbb{N}$ ergibt sich $f(n)$ aus dem n-ten Schritt dieses Verfahrens, das leicht als Programm realisiert werden kann. $\square$

Jede aufzählbare Menge ist offensichtlich auch abzählbar. Die Umkehrung gilt nicht, insbesondere gibt es Sprachen, die nicht aufzählbar sind. Allerdings sind solche Sprachen schwierig zu beschreiben, deshalb verweisen wir auf die Literatur (siehe z. B. [Schöning, 2008]). Die allgemein bekannten Sprachen sind alle aufzählbar.

1.2.3 Entscheidbare Sprachen

Mit einem Aufzählungsverfahren für eine Sprache kann man für jedes Wort der Sprache nach endlich vielen Schritten nachweisen, dass das Wort zu der Sprache gehört, denn bei der Aufzählung wird es garantiert nach endlich vielen Schritten erzeugt. Hat man aber ein Wort gegeben, das nicht Element der Sprache ist, so kann man dies, falls die Sprache unendlich viele Wörter enthält, mit einer Aufzählung der Sprache nicht nachweisen, denn dann läuft das Verfahren unendlich lang, ohne jemals alle Wörter erzeugt zu haben, und wir wissen nach endlicher Zeit nicht, ob das Wort vielleicht später doch noch erzeugt wird.

1.2 Klassen von unendlichen Sprachen

In der Informatik benötigt man häufig Algorithmen, die für jede Eingabe nach endlich vielen Schritten eine Antwort bezüglich eines Entscheidungskriteriums liefern, sowohl im positiven als auch im negativen Fall. Ein typisches Problem dieser Art entsteht beim Übersetzen von Programmen durch den Compiler, der zunächst einmal entscheiden muss, ob eine Eingabe ein zulässiges Programm ist oder nicht. Sprachen, die sich auf solche Weise bearbeiten lassen, heißen *entscheidbar*.

Definition: (Entscheidbarkeit)

Gegeben sei ein Alphabet V. Eine Sprache $L \subseteq V^*$ heißt *entscheidbar*, falls es einen abbrechenden Algorithmus, *Entscheidungsverfahren* genannt, gibt, der für jedes $w \in V^*$ feststellt, ob $w \in L$ oder $w \notin L$.

Beispiel:

Wir legen das Alphabet $V = \{a\}$ zugrunde und betrachten die Sprache $L \subseteq V^*$ mit $L = \{a^{2n} \mid n \in \mathbb{N}\}$. L besteht aus allen a-Folgen mit gerader Länge. Ein Entscheidungsverfahren für L kann nach dem folgenden Prinzip entwickelt werden:

Sei $w \in V^*$ beliebig gegeben. Streiche in w immer zwei a heraus, solange dies geht. Bleibt kein a übrig, gilt $w \in L$, andernfalls gilt $w \notin L$.

Bemerkungen:

1. Der Begriff der Entscheidbarkeit kann zwar allgemein für eine Menge relativ zu einer Obermenge definiert werden, jedoch kann nur dann von einem Entscheidungsalgorithmus gesprochen werden, wenn diese Obermenge aufzählbar ist und damit immer als Wortmenge interpretiert werden kann (siehe [Hermes, 1978]).

2. Es ist leicht einzusehen, dass jede endliche Sprache entscheidbar ist. Dazu bildet man aus den Wörtern der Sprache eine Liste und vergleicht ein Wort, das für eine Entscheidung anliegt, mit jedem Element der Liste.

Satz:
Jede entscheidbare Sprache ist aufzählbar.

Beweis:
Sei V ein Alphabet und $L \subseteq V^*$ entscheidbar. Zähle V^* auf (was gemäß dem Satz aus Abschnitt 1.3 möglich ist) und entscheide mit dem nach Voraussetzung gegebenen Entscheidungsverfahren für jedes bei der Aufzählung erzeugte $w \in V^*$, ob $w \in L$ oder $w \notin L$. Übergeht man alle w mit $w \notin L$, so erhält man eine Aufzählung für L. □

Aus der Aufzählbarkeit einer Sprache folgt nicht die Entscheidbarkeit. Die Schwierigkeit liegt darin, für diejenigen Wörter eine Entscheidung zu treffen, die *nicht* in der Sprache enthalten sind. Man kann sich durch eine Aufzählung so viele Wörter anschauen wie man möchte, sie werden nicht dabei sein. Trotzdem kann man nie wissen, ob sie nicht doch noch später in der Aufzählung erscheinen.

Aufzählbare Sprachen, die nicht entscheidbar sind, sind nicht einfach zu charakterisieren. Wir wollen aber einen Eindruck einer solchen Sprache vermitteln:

Wenn man Computerprogramme und Eingaben für Computerprogramme als Wörter über einem Alphabet wie ASCII auffasst, so ist die Sprache $L \subseteq ASCII^*$ mit

$$L = \{xy \mid x \text{ ist ein Programm, } y \text{ ist eine Eingabe und } x \text{ stoppt bei der Eingabe von } y \text{ nach endlich vielen Schritten}\}$$

zwar aufzählbar, aber nicht entscheidbar. Das bedeutet, es gibt keinen allgemeinen Algorithmus, der für ein beliebiges Programm entscheidet, ob es bei einer gegebenen Eingabe stoppt oder in eine unendliche Schleife gerät. (Einen Beweis für dieses unter dem Namen *Halteproblem* bekannte Resultat kann man z. B. in [Schöning, 2008] oder [Wegener, 1999] finden, siehe auch Abschnitt 1.3)

1.2.4 Zusammenfassendes Mengendiagramm

Die Mengen der abzählbaren, der aufzählbaren und der entscheidbaren Sprachen bilden die folgende Mengenhierarchie, wobei die Menge der abzählbaren Sprachen mit der Menge aller Sprachen gleichgesetzt werden kann:

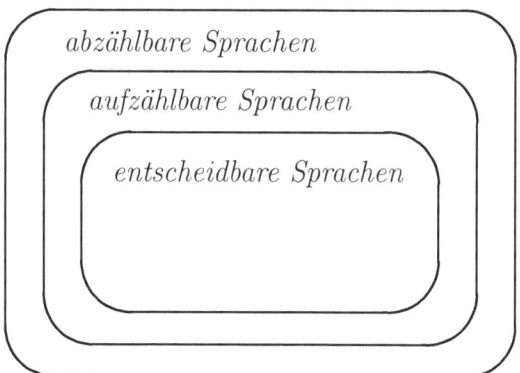

1.3 Wieviele Probleme kann der Computer lösen?

Mit dem Begriff der Abzählbarkeit lassen sich einige interessante Folgerungen über die Mächtigkeit von Computern schließen.

Da Computerprogramme endliche Folgen von Zeichen eines Alphabets wie ASCII sind, können sie als Wörter über diesem Alphabet aufgefasst werden. Unter dieser Betrachtungsweise ist die Menge der Computerprogramme eine Sprache über dem Alphabet ASCII. Wir haben gesehen, dass Sprachen immer abzählbar sind, folglich gibt es nur abzählbar viele Computerprogramme. Da jedes Computerprogramm in gewissem Sinne ein Problem löst, können also nur abzählbar viele Probleme durch Computer gelöst werden. Dies ist ein (im wahrsten Sinne des Wortes, wie wir zeigen werden) *verschwindend* geringer Anteil der Menge der existierenden Probleme, denn es gibt überabzählbar viele Probleme.

Eine einfache überabzählbare Menge von Problemen besteht darin, für jede reelle Zahl r die folgende Funktion $f_r : \mathbb{R} \to \{0,1\}$ zu berechnen:

$$f_r(x) = \begin{cases} 1, & \text{falls } x = r, \\ 0, & \text{falls } x \neq r. \end{cases}$$

Natürlich scheint diese Menge von Funktionen etwas künstlich konstruiert zu sein, immerhin zeigt sie *prinzipiell* die Existenz einer Vielzahl von Problemen, die nicht durch Computerprogramme gelöst werden können.

Um die Größenordnung des Anteils der Menge der durch Computerprogramme lösbaren Probleme an der Menge der existierenden Probleme zu ermitteln, wollen wir die entsprechende Fragestellung für den Anteil der rationalen Zahlen an den reellen Zahlen des Einheitsintervalls untersuchen.

Dazu schließen wir die abzählbar vielen rationalen Zahlen des Einheitsintervalls in der gleichen Weise wie bei dem Beweis der Überabzählbarkeit der reellen Zahlen in eine Folge von Intervallen ein, wobei wir im Zähler anstatt der 1 eine kleinere Zahl, ε, wählen. Die Länge des n-ten Intervalls sei dann $\frac{\varepsilon}{10^n}$. Nun ergibt sich als Summe S der Längen aller umfassenden Intervalle der Wert

$$S \;=\; \frac{\varepsilon}{10} + \frac{\varepsilon}{10^2} + \frac{\varepsilon}{10^3} + \ldots \;=\; \varepsilon\left(\frac{1}{10} + \frac{1}{10^2} + \frac{1}{10^3} + \ldots\right) \;=\; \frac{\varepsilon}{9}$$

(vgl. dazu den Beweis der Überabzählbarkeit der reellen Zahlen in Abschnitt 1.2.1). Dies bedeutet, dass die abzählbare Menge der rationalen Zahlen des Einheitsintervalls in einer Menge von Intervallen der Gesamtlänge $\frac{\varepsilon}{9}$ eingeschlossen werden kann.

Da ε beliebig klein gewählt werden kann, ergibt sich als Gesamtlänge der einschließenden Intervalle der Grenzwert von $\frac{\varepsilon}{9}$ für ε gegen 0, also die Gesamtlänge 0. Im Gegensatz dazu ergeben die reellen Zahlen des Einheitsintervalls wie oben schon erwähnt eine Länge von 1.

Wir haben somit nachgewiesen, dass die rationalen Zahlen einen *verschwindend* geringen Anteil an den reellen Zahlen darstellen.

Dieses Ergebnis können wir direkt auf den Anteil der durch einen Computer lösbaren Probleme an der Menge aller existierenden Probleme übertragen, d.h. ihre Anzahl ist somit verschwindend gering im Verhältnis zur Anzahl aller existierenden Probleme.

Dass es auch anschauliche Probleme gibt, die nicht durch Computer gelöst werden können, zeigt das folgende Beispiel, das auf das Halteproblem (siehe Ende des Abschnitts 1.2.3) zurückgeführt werden kann.

Dieses Problem besteht darin, eine Testsoftware zu entwickeln, die für jedes beliebige Computerprogramm die Korrektheit überprüft. Hierbei ist nicht die syntaktische Korrektheit gemeint, sondern Korrektheit in dem Sinne, dass das Programm für jede Eingabe die gewünschte Ausgabe liefert. Eine solche Überprüfung wird auch als *Programmverifikation* bezeichnet. Hätte man einen allgemeinen Programmverifizierer, dann könnte jedes Programm nach der Überprüfung auf syntaktische Korrektheit durch den Compiler mit Hilfe des Programmverifizierers auf Fehlerfreiheit überprüft werden. Als Teilergebnis müssten dabei eventuell vorhandene unendliche Schleifen entdeckt werden. Das Halteproblem hat aber gezeigt, dass es nicht entscheidbar ist, ob ein beliebiges Programm bei einer beliebigen Eingabe terminiert. Folglich ist eine allgemeine Programmverifikation, also ein Verfahren, das für alle Programme einer Programmiersprache funktioniert, prinzipiell nicht möglich.

Bemerkung: Ein Ausweg bietet sich nur dadurch an, dass man für spezielle Klassen von Programmen spezifische Korrektheitsbeweiser entwickelt. Dabei ist man heute schon weit fortgeschritten, so dass in nicht allzu ferner Zukunft manche Software, die in sicherheitskritischen Bereichen eingesetzt werden soll, vorher auf ihre Fehlerfreiheit überprüft werden kann.

Übungen

1. Zeigen Sie, dass die Vereinigung von abzählbar unendlich vielen abzählbar unendlichen Mengen wieder abzählbar unendlich ist.

2. Überlegen Sie sich einen Algorithmus, der die Menge der natürlichen Zahlen in Binärdarstellung aufzählt.

3. Gegeben sei das Alphabet $V = \{a, b\}$ und die Sprache

$$L = \{w\breve{w} \mid w \in V^* \text{ und } \breve{w} \text{ ist das Spiegelbild von } w\}.$$

Betrachten Sie den folgenden Algorithmus, der für beliebige Wörter $x \in V^*$ als Eingabe in der folgenden Weise arbeitet (Pseudocode in C-Notation):

```
while („|x| ≥ 2")
  {
    if („erstes Zeichen von x ungleich letztes Zeichen von x")
      „entferne erstes und letztes Zeichen von x";
    else
      „vertausche erstes und letztes Zeichen von x";
  }
if („|x| = 0")
  return „nein";
else
  return „ja";
```

a) Ändern Sie diesen Algorithmus so ab, dass daraus ein Entscheidungsverfahren für L entsteht.

b) Ist die Sprache L abzählbar? Falls ja, beschreiben Sie, wie die Wörter aus L durchnummeriert werden können.

Kapitel 2

Grammatiken

Im Abschnitt 1.1 haben wir gesehen, dass die Menge der Schlüsselwörter einer Programmiersprache als Sprache aufgefasst werden kann. Die Menge der Schlüsselwörter ist immer endlich und relativ klein (C hat z. B. 39 Schlüsselwörter). Eine solche Sprache wird am effizientesten dadurch verarbeitet, dass man einfach eine Liste aller Wörter der Sprache bereitstellt.

Auch die Menge der Bezeichner einer Programmiersprache ist immer endlich, da nur endlich viele Stellen berücksichtigt werden. Jedoch ist diese Menge so groß, dass eine Bereitstellung in Form einer Liste nicht in Frage kommt (in C sind bei 31 relevanten Stellen, unter Verwendung von 26 Buchstaben in Groß- und Kleinschreibung, des Unterstrichs und der zehn Dezimalziffern, $53 * 63^{30}$ Bezeichner möglich). Trotzdem muss ein Compiler zum Erkennen, ob ein Eingabestring ein zulässiger Bezeichner ist, eine automatisch verarbeitbare Beschreibung der Sprache aller zulässigen Bezeichner zur Verfügung haben.

Wir werden verschiedene Beschreibungsmöglichkeiten für Sprachen kennenlernen, mit denen unendliche Sprachen in endlicher, für die automatische Verarbeitung geeigneter Form dargestellt werden können.

Als erstes wollen wir die Darstellung von Sprachen mit Hilfe von *Grammatiken* vorstellen. Aus dem Umgang mit natürlichen Sprachen sind uns Grammatiken als Regelwerke bekannt, die auf unterschiedlichen Feinheitsstufen die Struktur von grammatikalisch korrekten Sätzen definieren. Z. B. kennen wir in der deutschen Sprache die Regel

Ein Satz kann aus einem Subjekt bestehen, dem sich ein Prädikat und ein Objekt anschließen.

In der Linguistik wird für diese Regel die folgende Kurzform verwendet:

Satz → Subjekt Prädikat Objekt

Der Satz „Der Junge wirft den Ball" hat genau diese Struktur, wobei „Der Junge" das Subjekt ist, „wirft" das Prädikat, und „den Ball" das Objekt. Diese Bestandteile können selbst auch wieder eine Struktur aufweisen, so wird z. B. die Struktur des Subjekts durch die Grammatikregel

Subjekt → Artikel Substantiv

beschrieben. Dazu muss noch festgelegt werden, was ein Artikel ist und was ein Substantiv ist, was durch Regeln der folgenden Gestalt erreicht wird:

Artikel → Der
Substantiv → Junge

Die folgende Skizze gibt eine graphische Darstellung der vollständigen grammatikalischen Struktur unseres Beispielsatzes.

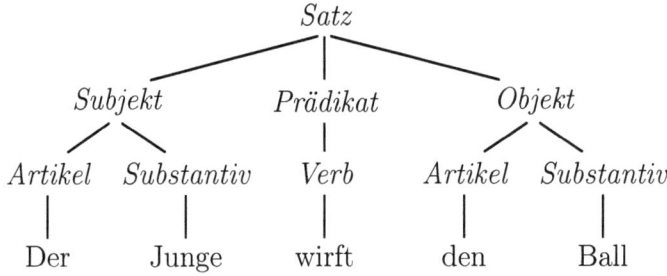

Natürlich gibt es für Sätze und Teilstrukturen noch andere zulässige Formen, die in einer vollständigen Grammatik alle durch entsprechende Regeln abgedeckt werden müssen. Die nicht mehr zergliederbaren Bestandteile eines Satzes stehen üblicherweise in einer großen Liste, in der der gesamte Wortschatz einer Sprache zusammengefasst ist, im Deutschen etwa im Duden.

Grammatiken beschreiben im Wesentlichen nur den syntaktischen Aufbau von Sätzen. Ob ein Satz als sinnvoll erachtet wird, ist eine andere Fragestellung. Z. B. stoßen wir uns bei dem Satz „Der Ball wirft den Jungen" nicht an seiner syntaktischen Form, sondern an seinem Inhalt, was ein semantisches Problem darstellt. Die Behandlung semantischer Aspekte werden wir hier außer Acht lassen, da dies nicht Thema der Theorie der formalen Sprachen und Automaten ist.

2.1 Grundlegende Definitionen

Die Verwendung von Grammatikregeln ist nicht auf natürlichsprachliche Sätze beschränkt. Mit Grammatiken kann man auch den Aufbau eines Computerprogramms beschreiben. Für die Programmiersprache C gibt es z. B. die Regel

$$\textit{Anweisung} \rightarrow \texttt{do } \textit{Anweisung} \texttt{ while } (\textit{Ausdruck}) \, .$$

Die folgende Definition verallgemeinert den Begriff der Grammatik auf beliebige Sprachen:

Definition: (Grammatik)

Eine *Grammatik* ist ein Quadrupel (d.h. System mit 4 charakteristischen Bestandteilen) $G = (V_N, V_T, P, S)$ mit

1. V_N, V_T sind endliche, nichtleere Mengen mit $V_N \cap V_T = \emptyset$.
   V_N ist die Menge der *Variablen (nichtterminalen Symbole)*.
   V_T ist die Menge der *terminalen Symbole (Terminale)*.

2. P ist eine endliche Menge von Regeln der Form

   $$\alpha \rightarrow \beta$$

   mit $\alpha \in (V_N \cup V_T)^+$, $\beta \in (V_N \cup V_T)^*$.
   Die Elemente von P werden *Produktionen, Produktionsregeln* oder *Grammatikregeln* genannt.

3. $S \in V_N$ ist das *Startsymbol*.

Die terminalen Symbole werden auch *lexikalische Einheiten* genannt, und die Variablen heißen manchmal *grammatische Kategorien*.

Wir verwenden oft die folgende abkürzende Schreibweise für Grammatikregeln, die die gleiche linke Seite haben:

$$\alpha \to \beta_1 | \beta_2 | \ldots | \beta_n \quad \text{statt} \quad \begin{array}{l} \alpha \to \beta_1 \\ \alpha \to \beta_2 \\ \vdots \\ \alpha \to \beta_n \end{array}$$

Bemerkung: Bei den bisher betrachteten Beispielen für Grammatikregeln hat die linke Seite immer aus einer einzelnen Variablen bestanden wie *Satz* oder *Anweisung*. Im Allgemeinen darf laut Definition bei einer Regel $\alpha \to \beta$ auch auf der linken Seite eine beliebige Symbolfolge bestehend aus Variablen und terminalen Symbolen stehen, nur $\alpha = \varepsilon$ ist ausgeschlossen.

Grammatikregeln beschreiben die Struktur der Elemente (genauer: der Wörter) einer Sprache. Ausgehend von der gröbsten Struktur, die durch die Regeln mit dem Startsymbol auf der linken Seite beschrieben wird, wird die Struktur der Wörter immer feiner zergliedert, bis man auf die nicht mehr unterteilbaren Buchstaben oder Zeichen, die als terminale Symbole repräsentiert sind, stößt. Zur Bezeichnung der Zwischenstrukturen werden Variablen verwendet.

Bei unserem einführenden natürlichsprachlichen Beispiel besteht die Sprache aus den grammatikalisch korrekten Sätzen, die auf dieser Betrachtungsebene die Rolle der Wörter spielen. Deshalb wird anstelle des Begriffs „Wort" oft auch der Begriff „Satz" verwendet. Die Struktur der Wörter im herkömmlichen Sinn, also Wörter wie „Haus" oder „spielen", wird nur teilweise durch Grammatiken in Form von morphologischen Regeln beschrieben. Wortstämme werden dabei als nicht zergliederbar behandelt.

Die Wörter der durch eine Grammatik beschriebenen Sprache bestehen nur noch aus terminalen Symbolen. Bevor wir genau definieren, welches die Sprache ist, die durch eine Grammatik beschrieben wird, wollen wir ein anschauliches Beispiel aus dem Programmiersprachen-Bereich betrachten.

Beispiel:

Wir geben eine Grammatik $G = (V_N, V_T, P, S)$ für Bezeichner der Programmiersprache C an, die mit Buchstaben und Ziffern sowie dem Unterstrich gebildet werden können, wobei das erste Zeichen keine Ziffer sein darf. Z. B. sind x2A_98 und _3xy zulässige Bezeichner, das Wort 3xyz dagegen nicht.

Wir legen zunächst die Variablen, die terminalen Symbole sowie das Startsymbol fest:

$$V_N = \{Bezeichner, BezRest, Buchstabe, Ziffer\}$$
$$V_T = \{\text{A}, \text{B}, ..., \text{Z}, \text{a}, \text{b}, ..., \text{z}, \_, 0, 1, ..., 9\}$$
$$S = Bezeichner$$

Die Menge P besteht aus den folgenden Produktionsregeln:

Bezeichner	→	Buchstabe	Buchstabe	→	A
Bezeichner	→	_	Buchstabe	→	B
Bezeichner	→	Buchstabe BezRest		⋮	
Bezeichner	→	_ BezRest	Buchstabe	→	Z
BezRest	→	Buchstabe	Buchstabe	→	a
BezRest	→	_	Buchstabe	→	b
BezRest	→	Ziffer		⋮	
BezRest	→	Buchstabe BezRest	Buchstabe	→	z
BezRest	→	_ BezRest	Ziffer	→	0
BezRest	→	Ziffer BezRest	Ziffer	→	1
				⋮	
			Ziffer	→	9

In abgekürzter Form:

$$
\begin{aligned}
Bezeichner &\rightarrow Buchstabe \,|\, \_ \,|\, Buchstabe\ BezRest \,|\, \_ BezRest \\
BezRest &\rightarrow Buchstabe\ BezRest \,|\, \_ BezRest \\
&\quad |\, Ziffer\ BezRest \,|\, Buchstabe \,|\, \_ \,|\, Ziffer \\
Buchstabe &\rightarrow \text{A} \,|\, \text{B} \,|\, ... \,|\, \text{Z} \,|\, \text{a} \,|\, \text{b} \,|\, ... \,|\, \text{z} \\
Ziffer &\rightarrow 0 \,|\, 1 \,|\, ... \,|\, 9
\end{aligned}
$$

Erzeugung von Wörtern mit Hilfe von Grammatiken

Das Zergliedern einer vorhandenen Struktur in immer feinere Teilstrukturen geschieht durch die Anwendung von Grammatikregeln. Das Ziel dabei ist, eine grobe Struktur wie „Satz" oder „Programm" solange zu verfeinern, bis eine weitere Zergliederung nicht mehr möglich ist.

Der erste Teil der folgenden Definition beschreibt, wie ein solcher Verfeinerungsschritt erfolgen kann. Dazu wird ein gegebenes Wort, das beliebig aus Variablen und terminalen Symbolen zusammengesetzt ist, mit Hilfe einer Grammatikregel verändert, indem ein Teilwort, das gleich der linken Seite einer Grammatikregel ist, durch die rechte Seite der Regel ersetzt wird.

Im zweiten Teil der Definition wird beschrieben, wie Wörter durch eine Folge solcher Einzelschritte bearbeitet werden.

Definition: (Ableitung)

Seien $G = (V_N, V_T, P, S)$, $V = V_N \cup V_T$ und $x, y \in V^*$.

1. Anwendung einer Grammatikregel

x *wird unmittelbar übergeführt in* y
$x \Rightarrow y$ gdw.[1] $x = \gamma\alpha\delta$, $y = \gamma\beta\delta$,
und $\alpha \to \beta \in P$, wobei
$\alpha \in V^+, \beta, \gamma, \delta \in V^*$.

Andere Redewendungen:
x führt unmittelbar zu y
y ist direkt (unmittelbar) aus x ableitbar

Die folgende Skizze stellt diesen Ersetzungsvorgang noch einmal anschaulich anhand eines Beispiels dar:

$$x = \underbrace{aB}_{\gamma}\underbrace{\boxed{bA}}_{\alpha}\underbrace{Aaa}_{\delta} \Rightarrow \underbrace{aB}_{\gamma}\underbrace{\boxed{Bab}}_{\beta}\underbrace{Aaa}_{\delta} = y$$

$$bA \to Bab$$

---

[1] gdw. bedeutet *genau dann, wenn*.

2. Anwendung mehrerer Grammatikregeln nacheinander

x wird übergeführt in y

$x \stackrel{*}{\Rightarrow} y$ gdw. Es exist. eine endl. Folge $(w_0, ..., w_n)$, $n \in \mathbb{N}$,
so dass $x = w_0$, $w_n = y$ und
$w_{i-1} \Rightarrow w_i$ $(i = 1, ..., n)$.
Diese Folge heißt *Ableitung* von y aus x.
Bezeichnung: $w_0 \Rightarrow w_1 \Rightarrow ... \Rightarrow w_n$

Andere Redewendungen:

x führt zu y

y ist aus x ableitbar

Bemerkung: Es sind auch Ableitungen in 0 Schritten zugelassen, deshalb gilt generell: $x \stackrel{*}{\Rightarrow} x$.

Die von einer Grammatik erzeugte Sprache ist die Menge aller Terminalwörter, die man aus dem Startsymbol ableiten kann. Ein *Terminalwort* ist ein Wort, das nur aus terminalen Symbolen besteht.

Definition: (Erzeugte Sprache)

Die von einer Grammatik $G = (V_N, V_T, P, S)$ *erzeugte* (auch: *dargestellte*) *Sprache*:

$$L(G) = \{x \in V_T^* \mid S \stackrel{*}{\Rightarrow} x\}.$$

Die Wörter der von der Grammatik erzeugten Sprache werden auch als die *grammatikalisch korrekten* Wörter bezeichnet.

Eine Sprache kann durch verschiedene Grammatiken dargestellt werden. Entsprechende Grammatiken heißen äquivalent.

Definition: (Äquivalenz von Grammatiken)

Zwei Grammatiken G_1 und G_2 heißen *äquivalent*, falls gilt:

$$L(G_1) = L(G_2).$$

Beispiele:

Die drei folgenden Grammatiken und die von ihnen erzeugten Sprachen stehen stellvertretend für verschiedene Grammatiktypen bzw. Sprachklassen, die durch grundlegende Eigenschaften charakterisiert sind und eine hierarchische Gliederung aufweisen, die so genannte *Chomsky-Hierarchie*, die im nächsten Abschnitt behandelt wird.

1. Gegeben sei $G = (V_N, V_T, P, S)$ mit $V_N = \{S\}$, $V_T = \{0\}$ und
   $$P: \quad S \to 0S$$
   $$ S \to 0$$
   Die Ableitungen in G haben die folgende allgemeine Form:
   $$S \Rightarrow 0S \Rightarrow 00S \Rightarrow \ldots \Rightarrow 0^{n-1}S \Rightarrow 0^n.$$
   Offensichtlich gilt $L(G) = \{0^n \mid n \geq 1\}$.

2. Gegeben sei $G = (V_N, V_T, P, S)$ mit $V_N = \{S\}$, $V_T = \{0, 1\}$ und
   $$P: \quad S \to 0S1$$
   $$ S \to 01$$
   Die Ableitungen in G haben die folgende allgemeine Form:
   $$S \Rightarrow 0S1 \Rightarrow 00S11 \Rightarrow \ldots \Rightarrow 0^{n-1}S1^{n-1} \Rightarrow 0^n1^n.$$
   Es gilt $L(G) = \{0^n 1^n \mid n \geq 1\}$.

3. Gegeben sei $G = (V_N, V_T, P, S)$ mit $V_N = \{S, B, C\}$, $V_T = \{0, 1, 2\}$ und

    $P:$ $S \to 0SBC$ 1 $0B \to 01$ 4

          $S \to 0BC$ 2 $1B \to 11$ 5

          $CB \to BC$ 3 $1C \to 12$ 6

                                                  $2C \to 22$ 7

Die Ableitungen in G haben die folgende allgemeine Form:

$$S \stackrel{1}{\Rightarrow} 0SBC \stackrel{1}{\Rightarrow} 00SBCBC \stackrel{1}{\Rightarrow} \ldots \stackrel{1}{\Rightarrow} 0^{n-1}S(BC)^{n-1} \stackrel{2}{\Rightarrow} 0^n(BC)^n$$

> *Beispiel n=3*
> $000BCBCBC \stackrel{3}{\Rightarrow} 000BBCCBC$
> $\stackrel{3}{\Rightarrow} 000BBCBCC$
> $\stackrel{3}{\Rightarrow} 000BBBCCC$

$\stackrel{*}{\Rightarrow} 0^n B^n C^n$

> *Beispiel n=3*
> $000BBBCCC \stackrel{4}{\Rightarrow} 0001BBCCC$
> $\stackrel{5}{\Rightarrow} 00011BCCC$
> $\stackrel{5}{\Rightarrow} 000111CCC$

$\stackrel{*}{\Rightarrow} 0^n 1^n C^n$

> *Beispiel n=3*
> $000111CCC \stackrel{6}{\Rightarrow} 0001112CC$
> $\stackrel{7}{\Rightarrow} 00011122C$
> $\stackrel{7}{\Rightarrow} 000111222$

$\stackrel{*}{\Rightarrow} 0^n 1^n 2^n$.

Es gilt $L(G) = \{0^n 1^n 2^n \mid n \geq 1\}$.

Dass keine anderen Wörter als diese erzeugt werden, ist bei dieser Grammatik nicht so offensichtlich. Man erkennt jedoch schnell, dass alle anderen Möglichkeiten einer Regelanwendung, die in dem allgemeinen Ablauf nicht berücksichtigt worden sind, entweder in einer Sackgasse enden (wobei Wörter entstehen, die nicht nur aus terminalen Symbolen bestehen) oder ebenfalls Wörter der angegebenen Sprache erzeugen.

2.2 Die Chomsky-Hierarchie

Noam Chomsky (*1928), einer der herausragenden Linguisten, hat ca. 1956 eine hierarchische Beziehung verschiedener Grammatiktypen bzw. der zugehörigen Sprachklassen herausgefunden. Die folgende Klassifizierung von Grammatiktypen spiegelt diese hierarchische Beziehung wider.

Definition: (Chomsky-Hierarchie)

Sei $G = (V_N, V_T, P, S)$ eine Grammatik, $V = V_N \cup V_T$.

G ist vom

Typ 0,
falls keine Einschränkung vorliegt.

Typ 1 oder *kontextsensitiv*,
falls jede Produktion die Form
$\alpha_1 A \alpha_2 \to \alpha_1 \beta \alpha_2$
hat, wobei $A \in V_N$, $\alpha_1, \alpha_2 \in V^*$, $\beta \in V^+$,
mit einer Ausnahme: $S \to \varepsilon$,
dann darf S aber in keiner rechten Seite einer Produktion vorkommen.

Typ 2 oder *kontextfrei*,
falls jede Produktion die Form
$A \to \beta$
hat, wobei $A \in V_N$, $\beta \in V^+$,
mit derselben Ausnahmeregelung wie in Typ 1.

Typ 3 oder *regulär*,
falls jede Produktion die Form
$A \to aB$ oder
$A \to a$
hat, wobei $A, B \in V_N$, $a \in V_T$,
mit derselben Ausnahmeregelung wie in Typ 1.

Bemerkungen:

- Bei Typ 2 und Typ 3 könnten auch Produktionen der Form $A \to \varepsilon$, wobei A eine vom Startsymbol verschiedene Variable ist, zugelassen werden, jedoch erhöht sich dadurch nicht die Mächtigkeit des entsprechenden Grammatiktyps, und da die vorgestellte Form die hierarchische Struktur besser deutlich macht, beschränken wir uns der Einfachheit halber auf diese Variante.

- Reguläre Grammatiken der vorgestellten Art werden auch *rechtslinear* genannt. Es gibt als Gegenstück dazu die *linkslinearen* Grammatiken, bei denen alle Regeln die Form $A \to Ba$ bzw. $A \to a$ haben. Die rechtslinearen und die linkslinearen Grammatiken beschreiben dieselbe Klasse von Sprachen.

Die Übertragung der Eigenschaften *Typ 0, kontextsensitiv, kontextfrei* und *regulär* auf Sprachen leistet die folgende Definition:

Definition: (Typ einer Sprache)

Eine Sprache L ist vom Typ i (i = 0,1,2,3), falls eine Grammatik G vom Typ i existiert mit $L(G) = L$.

Es gilt offensichtlich der folgende Satz, der besagt, dass die speziellen Typen die allgemeineren Typen implizieren:

Satz:
Gilt $0 \leq i < j \leq 3$, und ist die Grammatik G (bzw. die Sprache L) vom Typ j, so ist G (bzw. L) auch vom Typ i.

Z. B. ist jede reguläre Grammatik auch kontextfrei, aber auch kontextsensitiv und vom Typ 0, oder jede kontextfreie Sprache ist auch eine kontextsensitive Sprache. Das Ziel bei der Einordnung einer Grammatik oder Sprache ist immer, den speziellsten Typ anzugeben.

Beispiele:

1. Wir haben in Abschnitt 2.1 eine Grammatik für Bezeichner angegeben, die die folgenden Produktionsregeln enthält:

$$
\begin{aligned}
Bezeichner &\rightarrow Buchstabe \mid \_ \mid Buchstabe\ BezRest \mid \_ BezRest \\
BezRest &\rightarrow Buchstabe\ BezRest \mid \_ BezRest \mid Ziffer\ BezRest \\
&\quad \mid Buchstabe \mid \_ \mid Ziffer \\
Buchstabe &\rightarrow \text{A} \mid \text{B} \mid \ldots \mid \text{Z} \mid \text{a} \mid \text{b} \mid \ldots \mid \text{z} \\
Ziffer &\rightarrow \text{0} \mid \text{1} \mid \ldots \mid \text{9}
\end{aligned}
$$

Diese Grammatik ist kontextfrei, aber nicht regulär. Es stellt sich die Frage, ob es auch eine reguläre Grammatik für diese Sprache gibt. Durch die Angabe der folgenden Grammatik können wir die Frage bejahen, und somit ist die Sprache dieser Bezeichner sogar regulär.

$$
\begin{aligned}
Bezeichner \rightarrow\ & \text{A} \mid \text{B} \mid \ldots \mid \text{Z} \mid \text{a} \mid \text{b} \mid \ldots \mid \text{z} \mid \_ \\
& \mid \text{A}\ BezRest \mid \text{B}\ BezRest \mid \ldots \mid \text{Z}\ BezRest \\
& \mid \text{a}\ BezRest \mid \text{b}\ BezRest \mid \ldots \mid \text{z}\ BezRest \\
& \mid \_\ BezRest \\[4pt]
BezRest \rightarrow\ & \text{A} \mid \text{B} \mid \ldots \mid \text{Z} \mid \text{a} \mid \text{b} \mid \ldots \mid \text{z} \mid \_ \mid \text{0} \mid \text{1} \mid \ldots \mid \text{9} \\
& \mid \text{A}\ BezRest \mid \text{B}\ BezRest \mid \ldots \mid \text{Z}\ BezRest \\
& \mid \text{a}\ BezRest \mid \text{b}\ BezRest \mid \ldots \mid \text{z}\ BezRest \\
& \mid \_\ BezRest \\
& \mid \text{0}\ BezRest \mid \text{1}\ BezRest \mid \ldots \mid \text{9}\ BezRest
\end{aligned}
$$

2. In Abschnitt 2.1 hatten wir drei beispielhafte Grammatiken angegeben:

Die Grammatik mit $P = \{S \rightarrow 0S, S \rightarrow 0\}$ ist regulär, und damit auch die erzeugte Sprache $\{0^n \mid n \geq 1\}$.

Die Grammatik mit $P = \{S \rightarrow 0S1, S \rightarrow 01\}$ ist kontextfrei, und damit auch die erzeugte Sprache $\{0^n 1^n \mid n \geq 1\}$. Wir werden in Abschnitt 3.7 zeigen, dass diese Sprache nicht durch eine reguläre Grammatik erzeugt werden kann und somit nicht regulär ist.

Die letzte der drei Grammatiken ist vom Typ 0, allerdings stört nur die Regel $CB \to BC$, sonst wäre sie kontextsensitiv. Wir können aber diese Regel ersetzen durch die drei kontextsensitiven Regeln $CB \to CX$, $CX \to BX$ und $BX \to BC$ (wobei X eine neue Variable ist), die genau dasselbe leisten, so dass dadurch die von der Grammatik erzeugte Sprache $\{0^n 1^n 2^n \mid n \geq 1\}$ nicht verändert wird, die wir folglich als kontextsensitiv charakterisieren können. Wir werden in Abschnitt 4.9 zeigen, dass diese Sprache nicht durch eine kontextfreie Grammatik erzeugt werden kann.

Der Einfluss von ε auf den Typ einer Sprache

Wir wollen Möglichkeiten aufzeigen, eine Grammatik, die das Leerwort ε nicht erzeugt, so zu einer Grammatik *desselben Typs* zu erweitern, dass ε zusätzlich erzeugt wird. Wir zeigen damit, dass der Typ einer Sprache nicht davon abhängt, ob diese das Leerwort ε enthält oder nicht.

Bei Typ-0-Grammatiken brauchen wir dazu nur die Regel $S \to \varepsilon$ hinzuzufügen.

Diese Lösung ist für die anderen Typen nicht geeignet, denn sonst wäre in vielen Fällen die Bedingung, dass bei Verwendung der Regel $S \to \varepsilon$ das Startsymbol nirgends rechts vorkommen darf, verletzt. Bei kontextsensitiven sowie bei kontextfreien Grammatiken wählt man deshalb ein neues Startsymbol S' und fügt die beiden Regeln $S' \to S$ und $S' \to \varepsilon$ zur bisherigen Regelmenge hinzu.

Für reguläre Grammatiken müssen wir etwas mehr Aufwand betreiben, damit der Typ erhalten bleibt. Dies wird durch das folgende Verfahren gewährleistet.

Gegeben sei die Grammatik $G = (V_N, V_T, P, S)$ mit $\varepsilon \notin L(G)$. Die neue Grammatik $G' = (V'_N, V_T, P', S')$ entstehe durch die folgenden Vorschriften:

- *Definiere ein neues Startsymbol $S' \notin V_N$.*
- $V'_N := V_N \cup \{S'\}$.
- $P' = P \cup \{S' \to \alpha \mid S \to \alpha \in P\} \cup \{S' \to \varepsilon\}$

Offensichtlich bleibt der Typ der Grammatik durch die neuen Regeln erhalten, und es ist auch leicht einzusehen, dass die neue Grammatik G' die

Sprache $L(G') = L(G) \cup \{\varepsilon\}$ erzeugt, denn außer bei der Erzeugung von ε simuliert sie den ersten Schritt einer Ableitung in G jeweils mit dem neuen Startsymbol S', arbeitet dann aber völlig identisch zu G.

Beispiel:

Die reguläre Grammatik $G = (V_N, V_T, P, S)$ mit $V_N = \{S\}, V_T = \{0\}$ und $P = \{S \to 0S, S \to 0\}$ aus Abschnitt 2.1 erzeugt nicht das Leerwort ε.

Mit der obigen Konstruktion erhalten wir die reguläre Grammatik $G' = (V'_N, V_T, P', S')$ mit $V'_N = \{S', S\}$ und

P': $S' \;\to\; \varepsilon \mid 0S \mid 0$
        $S \;\to\; 0S \mid 0$

Es gilt $L(G') = \{0^n \mid n \geq 0\}$.

Zusammenfassendes Mengendiagramm

Die folgende Abbildung zeigt, wie sich die Mengen der abzählbaren, der aufzählbaren und der entscheidbaren Sprachen in die Chomsky-Hierarchie einfügen.

Eine erste Folgerung ist, dass alle kontextsensitiven Sprachen entscheidbar sind und somit im Prinzip als Programmiersprachen in Frage kommen, denn man könnte für sie ein Entscheidungsverfahren und damit einen Compiler entwickeln. Aus Effizienzgründen beschränkt man sich bei der Spezifikation von Programmiersprachen auf kontextfreie Grammatiken, aus denen der Parser abgeleitet wird. Allerdings enthalten Programme trotzdem oft kontextsensitive Konstrukte wie z. B. dass eine Variable erst dann verwendet werden darf, wenn sie vorher deklariert wurde. Dies wird jedoch nicht durch den Parser abgeprüft, sondern durch einen Zusatzmechanismus.

Interessant ist auch, dass die Typ 0-Sprachen genau die aufzählbaren Sprachen sind, was den Begriff der Aufzählbarkeit nun etwas anschaulicher macht. Aus jeder Grammatik kann ein Aufzählungsverfahren abgeleitet werden, indem man alle Ableitungen aus dem Startsymbol der Länge 1, dann der Länge 2 usw. ausführt und jedesmal überprüft, ob ein Terminalwort erzeugt wurde. Dieses wird dann bei der Aufzählung berücksichtigt. Aufgrund der Endlichkeit der Regelmenge gibt es zu jeder Länge nur endlich viele Ableitungen mit dieser Länge.

2.3 Weitere Formalismen für kontextfreie Sprachen

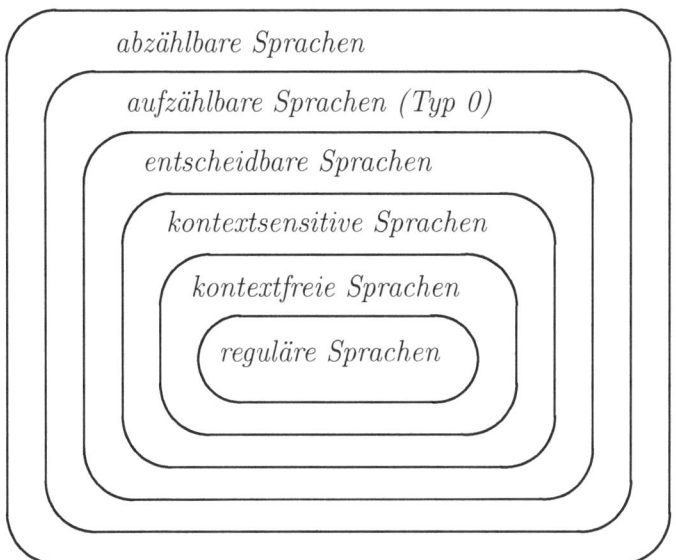

Alle Teilmengenbeziehungen dieser Mengenhierarchie sind echt, was man durch entsprechende trennende Beispiele nachweisen kann. Wir werden später zeigen, dass die Sprache $\{0^n 1^n \mid n \geq 1\}$ die kontextfreien und die regulären Sprachen trennt (siehe Abschnitt 3.7) und dass die Sprache $\{0^n 1^n 2^n \mid n \geq 1\}$ die kontextsensitiven und die kontextfreien Sprachen trennt (siehe Abschnitt 4.9).

Für Beispiele, die die anderen Sprachklassen voneinander trennen, wollen wir aufgrund ihrer Kompliziertheit auf die Literatur verweisen (z. B. [Hermes, 1978], [Schöning, 2008]).

2.3 Weitere Formalismen zur Beschreibung kontextfreier Sprachen

Die bisher verwendete Schreibweise für Grammatiken eignet sich besonders gut zur Behandlung theoretischer Fragestellungen auf dem Papier, wir nennen sie deshalb *Theorie-orientiert*. Für Anwendungen im Compilerbau oder bei der automatischen Verarbeitung natürlicher Sprache benötigt man aber Formalismen, die besser zur maschinellen Verarbeitung geeignet sind.

So ist bei der Beschreibung von Programmiersprachen z. B. die Unterscheidung von Variablen und terminalen Symbolen durch Groß- bzw. Kleinschreibung, wie es bei theoretischen Beispielen oft gemacht wird, unbrauchbar, denn in Programmiersprachen kommen sowohl groß- als auch kleingeschriebene Wörter als Terminale vor. Man benötigt also ein maschinenlesbares Unterscheidungsmerkmal von Terminalen und Variablen, das nicht auf der Groß-Kleinschreibung beruht.

Da für die Beschreibung von Programmiersprachen kontextfreie Grammatiken in der Regel ausreichen, können spezielle Eigenschaften kontextfreier Grammatiken ausgenützt werden, um kompaktere Darstellungen zu erlauben.

Trotz dieser Verbesserungen sind Grammatiken für Programmiersprachen sehr komplex und umfangreich. Wir werden zeigen, wie man mit Hilfe graphischer Darstellungen die Struktur einer kontextfreien Grammatik veranschaulichen kann.

2.3.1 Backus-Naur-Form (BNF)

Die *Backus-Naur-Form* (abgek. *BNF*) ist ein Formalismus zur Darstellung kontextfreier Grammatiken, der sich nur in der Syntax von der Theorieorientierten Schreibweise unterscheidet. Er wurde von John W. Backus und Peter Naur entwickelt, um die Programmiersprache ALGOL 60 zu beschreiben (ca. 1959), die damit die erste durch eine Grammatik beschriebene Programmiersprache war. Der Vorteil der Darstellung von kontextfreien Grammatiken in Backus-Naur-Form liegt hauptsächlich in der besseren Maschinenlesbarkeit.

Die folgenden syntaktischen Merkmale charakterisieren die Backus-Naur-Form:

- Variablen werden mit spitzen Klammern <...> umschlossen.

- Terminale Symbole werden ohne spezielle Kennzeichnung geschrieben.

- Statt $\rightarrow$ wird das Symbol ::= verwendet.

Beispiele:

1.  ```
    <Bezeichner>  ::=  <Buchstabe> | _
                    |  <Bezeichner> <Buchstabe>
                    |  <Bezeichner> _
                    |  <Bezeichner> <Ziffer>
    <Buchstabe>   ::=  A | B |...| Z | a | b |...| z
    <Ziffer>      ::=  0 | 1 |...| 9
    ```

    beschreibt Bezeichner, die mit einem Buchstaben oder Unterstrich beginnen, gefolgt von beliebig vielen Buchstaben, Unterstrichen und Ziffern.

2.  ```
    <Namenaufzaehlung>  ::=  <Name> | <Namenliste> und <Name>
    <Namenliste>        ::=  <Name> | <Name> , <Namenliste>
    <Name>              ::=  Hans | Susi | Otto | Maria | Paul
    ```

    beschreibt Aufzählungen von Namen in der Form
    „Otto , Hans und Maria".

2.3.2 Erweiterte Backus-Naur-Form (EBNF)

Die *Erweiterte Backus-Naur-Form* (abgek. *EBNF*) stellt eine Erweiterung der Backus-Naur-Form dar, die dadurch zustande kommt, dass Abkürzungsmöglichkeiten für Optionalitäten und Wiederholungen bereitgestellt werden. Kontextfreie Grammatiken können mit Hilfe der EBNF in einer sehr kompakten aber immer noch maschinenlesbaren Form dargestellt werden.

Für die folgende Charakterisierung der EBNF seien *EBNF-Terme* die auf der rechten Seite einer EBNF-Regel formulierbaren Ausdrücke. Die dabei verwendeten Grundsymbole sind Variablen und terminale Symbole, die Operatoren sind Konkatenation und Alternativenbildung, aber auch die neu eingeführten Operatoren für die Optionalität und die Wiederholung.

Zur Einsparung von Klammern wird hierbei explizit festgelegt, dass der Operator | für die Alternativenbildung schwächer bindet als die Konkatenation, die auch in BNF und EBNF ohne Operator durch Aneinanderreihen dargestellt wird.

1. Optionalität wird durch eckige Klammern [...] dargestellt. Ist x ein EBNF-Term, so beschreibt $[x]$ das *nullmalige* oder *einmalige* Vorkommen eines Wortes nach dem Muster von x.

   Z. B. <Bezeichner> ::= <Buchstabe>[<BezRest>] | _ [<BezRest>]

2. Wiederholungen werden durch geschweifte Klammern {...} dargestellt. Der EBNF-Term $\{x\}$ beschreibt das *nullmalige*, *einmalige* oder *mehrmalige* Vorkommen von Wörtern nach dem Muster von x.

   Z. B. <BezRest> ::= {<Buchstabe>| _ |<Ziffer>}

3. Runde Klammern (...) werden als Strukturierungshilfe verwendet.

   Z. B.
   <Bezeichner> ::= (<Buchstabe>|_){<Buchstabe>| _ |<Ziffer>}

Bemerkung: Durch die Verwendung der eckigen und geschweiften Klammern lassen sich Regeln wie z. B. <X> ::= [a] oder <X> ::= {a} formulieren, die aus einer beliebigen Variablen das Leerwort ableiten können. Dies ändert aber nichts an der Tatsache, dass mit Grammatiken in EBNF-Form genau die kontextfreien Sprachen dargestellt werden können. (Siehe z. B. [Schöning, 2008] für eine dazu passende Definition von kontextfreien Grammatiken.)

Vermeidung der Rekursion in EBNF

Rekursive Regeln können in EBNF oft vermieden werden, indem iterative Regeln formuliert werden. Dadurch werden Sachverhalte anschaulicher und kompakter dargestellt als bei der Theorie-orientierten Schreibweise.

Beispiel:

Theorie-orientierte Form: Liste $\rightarrow$ Element, Liste
                                         Liste $\rightarrow$ Element

EBNF: <Liste> ::= <Element> {, <Element>}

Allerdings kann nicht jede rekursive Grammatikregel auf diese Weise iterativ beschrieben werden. Z. B. kann die erste Regel der Regelmenge $\{S \rightarrow 0S1, S \rightarrow 01\}$ einer Grammatik für die Sprache $\{0^n 1^n \mid n \geq 1\}$ offensichtlich nicht ohne Rekursion realisiert werden.

2.3 Weitere Formalismen für kontextfreie Sprachen

Das Problem der Mehrfachverwendung von Symbolen

In Programmiersprachen kommen die Symbole {, }, [,], (,), <, > sowie | selbst vor und haben entsprechend andere Bedeutungen. Deshalb müssen für die Darstellung von Programmiersprachen in EBNF Konventionen festgelegt werden, die eine Verwechslung ausschließen. Häufig wird dieses Problem dadurch behoben, dass alle terminalen Symbole grundsätzlich in doppelte oder einfache Hochkommas gesetzt werden. Nichtterminale Symbole benötigen dann keine Kennzeichnung mehr. Eine andere Möglichkeit besteht darin, terminale Symbole, die auch in EBNF eine Funktion haben, durch einen vorangestellten Backslash als terminale Symbole zu kennzeichnen.

Beispiel:

Die Regel

<Liste> ::= \[a{,a}\]

beschreibt Listen der Form [a], [a,a], [a,a,a], ...

2.3.3 Syntaxdiagramme

Syntaxdiagramme sind eine Umsetzung der Erweiterten Backus-Naur-Form in eine graphische Darstellung, die einfacher zu lesen ist. Mögliche Ableitungen der Grammatik können durch das Verfolgen von Pfaden durch die zugehörigen Syntaxdiagramme herausgefunden werden. Zur Darstellung von Programmiersprachen werden oftmals Syntaxdiagramme verwendet.

Beispiel:

<Bezeichner> ::= (<Buchstabe> | _) {<Buchstabe> | _ | <Ziffer>}

Diese EBNF-Regel hat als Syntaxdiagramm die Darstellung:

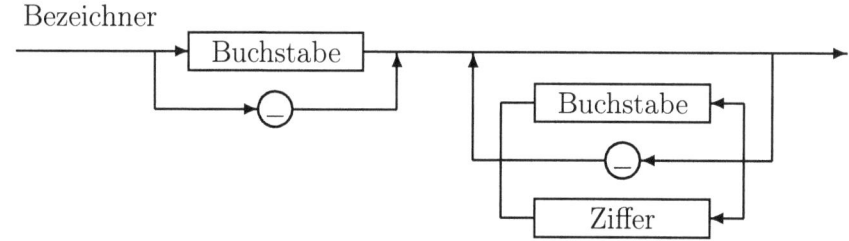

Kurze Beschreibung des Aufbaus von Syntaxdiagrammen

- Fasse alle Regeln, die dieselbe Variable als linke Seite aufweisen, zusammen, indem die verschiedenen rechten Seiten als Alternativen dargestellt werden.
- Zeichne für jede Variable X einen gerichteten Graphen mit je einer Eingangs- und einer Ausgangskante und benenne den Graphen mit X.
- Repräsentiere die Variablen und terminalen Symbole der rechten Seite als Knoten und verwende dazu
    - Rechtecke (Quadrate) für Variablen,
    - Ellipsen (Kreise) für terminale Symbole.
- Konkatenationen werden durch Aneinanderreihungen, Alternativenbildungen durch Verzweigungen dargestellt.
- Die den Graphen bezeichnende Variable darf selbst als Knoten vorkommen.

Die Darstellung der EBNF-Konstrukte Optionalität und Wiederholung in Syntaxdiagrammen wird in den folgenden Beispielen deutlich.

Optionalität:

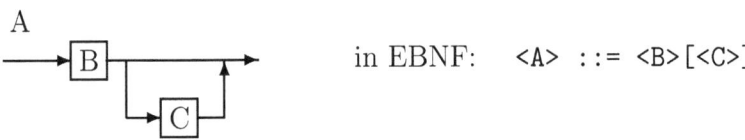

in EBNF: <A> ::= <B>[<C>]

Wiederholung (Schleife):

in EBNF: <A> ::= <B>{<C>}

Ist X die bezeichnende Variable eines Syntaxdiagramms, so entspricht jedem Weg von der Eingangs- zur Ausgangskante ein Wort, das aus X ableitbar ist. Die Rechtecke können ersetzt werden durch die Syntaxdiagramme der

2.3 Weitere Formalismen für kontextfreie Sprachen   43

zugehörigen Variablen. Auf diese Weise können die aus einer Variablen ableitbaren Wörter immer genauer spezifiziert werde, solange, bis die Wörter nur noch aus terminalen Symbolen bestehen. Beginnt man mit dem Startsymbol, so können genau die Wörter auf diese Weise erhalten werden, die zu der von der zugehörigen Grammatik erzeugten Sprache gehören.

In einigen Fällen können Syntaxdiagramme in eine noch kompaktere Form umgewandelt werden. Ein Beispiel soll dies demonstrieren.

Die EBNF-Regel

$$\texttt{<Liste> ::= <Element> \{, <Element>\}}$$

wird repräsentiert durch die Syntaxdiagramme:

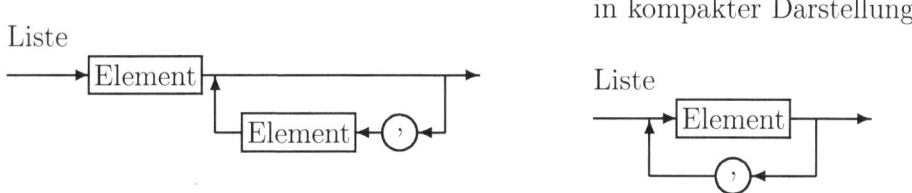

Die folgenden Syntaxdiagramme beschreiben Integer-Zahlen mit optionalem Vorzeichen, bei denen führende Nullen zugelassen sind.

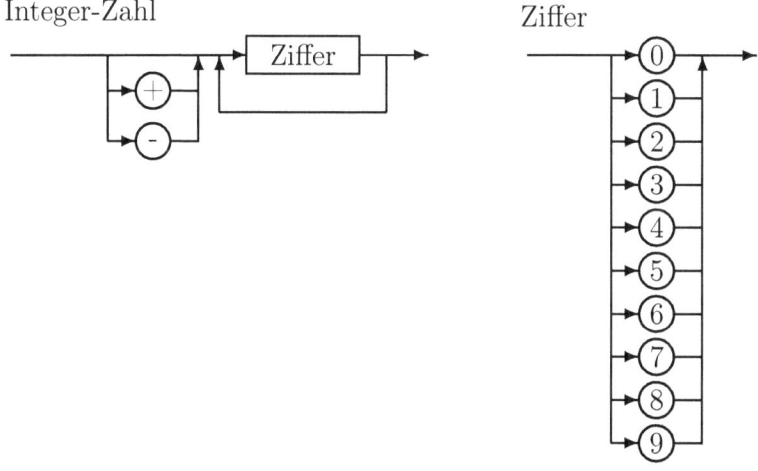

Übungen

1. Gegeben sei die Grammatik $G = (\{S, A, B\}, \{0\}, P, S)$ mit

   P: $S \rightarrow \varepsilon$
           $S \rightarrow ABA$
         $AB \rightarrow 00$
         $0A \rightarrow 000A$
           $A \rightarrow 0$

   a) Von welchem Typ ist diese Grammatik?

   b) Geben Sie eine Ableitung für das Wort 00000 in G an.

   c) Beschreiben Sie die Sprache L, die von G erzeugt wird.

   d) Geben Sie eine zu G äquivalente reguläre Grammatik G' an.

2. Gegeben seien zwei Grammatiken mit den Regelmengen P_1 und P_2, die in Erweiterter Backus-Naur-Form (EBNF) folgendermaßen aussehen:

   P_1:   `<S> ::= a[<S>]a | b`

   P_2:   `<S> ::= a{<S>}a | b`

   a) Geben Sie ein Wort an, das von der zweiten Grammatik erzeugt wird, aber nicht von der ersten Grammatik.

   b) Stellen Sie die EBNF-Regeln als Grammatikregeln (in Theorie-orientierter Form) dar.

   c) Stellen Sie die EBNF-Regeln als Syntaxdiagramme dar.

3. Eine endliche Ziffernfolge, die mit einer 0 beginnt, auf die mindestens eine weitere Ziffer folgt, wobei nur die Ziffern 0,...,7 vorkommen, soll *oktale Konstante* heißen.

   Geben Sie eine reguläre Grammatik an für die Sprache

   $$L = \{x \mid x \text{ ist eine oktale Konstante}\}.$$

4. In der Programmiersprache C sind Gleitpunktkonstanten in der folgenden Weise definiert:

> Eine Gleitpunktkonstante besteht aus einem ganzzahligen Teil, einem Dezimalpunkt, einem Dezimalbruch, dem Zeichen e oder E, einem ganzzahligen Exponenten mit optionalem Vorzeichen und einem optionalen Typ-Suffix, nämlich einem der Buchstaben f, F, l oder L. Ganzzahliger Teil und Dezimalbruch sind Ziffernfolgen. Entweder der ganzzahlige Teil oder der Dezimalbruch kann fehlen (aber nicht beide); entweder der Dezimalpunkt oder der Exponent beginnend mit e bzw. E kann fehlen (aber nicht beide).

Beschreiben Sie die Sprache der zulässigen Gleitpunktkonstanten mit Hilfe

a) einer Grammatik in Erweiterter Backus-Naur-Form,

b) von Syntaxdiagrammen.

5. Die Sprache L bestehe aus allen Listen, deren Elemente wiederum Listen sein können. Listen sind in eckige Klammern eingeschlossen, die Elemente sind durch einen Punkt getrennt, das letzte Element ist immer das Symbol *nil*. Die leere Liste ist [*nil*]. Das folgende Beispiel zeigt eine solche Liste:

[*element*.[*element*.*element*.*nil*].*element*.[[*nil*].*element*.*nil*].*element*.*nil*]

a) Geben Sie eine Grammatik in Erweiterter Backus-Naur-Form an, die die Sprache L erzeugt.

b) Beschreiben Sie L mit Hilfe von Syntaxdiagrammen.

Verwenden Sie das Terminalalphabet {*element*, *nil*, ., [,]} und kennzeichnen Sie in den Grammatikregeln die Terminale, die auch Konstrukte der EBNF sind.

6. Geben Sie eine kontextfreie Grammatik an, die die Gliederung von Briefen beschreibt, die nach dem folgenden Prinzip strukturiert sind.

   - Ein Brief besteht aus Einleitung, Haupttext und Schluss.
   - Die Einleitung besteht aus Datum, Referenzzeichen, Empfängeranschrift und Betreff, wobei das Referenzzeichen manchmal fehlt.
   - Der Haupttext besteht aus einer Anrede und einer Liste von Absätzen. Die Absätze bestehen jeweils aus einer Liste von Sätzen.
   - Der Schluss besteht aus Schlussformel, Verfasser und Funktion des Verfassers.

   Weiter als angegeben soll die Gliederung nicht in die Tiefe gehen. Die bei dieser Gliederung nicht unterteilbaren Bestandteile sollen als terminale Symbole dargestellt werden. Alle angesprochenen Listen sollen nicht leer sein.

7. Gegeben sei die Grammatik $G=(\{S\}, \{o, r, u, l\}, P, S)$ mit

   P:
$S \to oSu$	$or \to ro$	$uo \to ou$
$S \to rSl$	$ou \to uo$	$ur \to ru$
$S \to ou$	$ol \to lo$	$ul \to lu$
$S \to rl$	$ro \to or$	$lo \to ol$
	$ru \to ur$	$lr \to rl$
	$rl \to lr$	$lu \to ul$

   Die terminalen Symbole sollen als Bewegungen eines Cursors auf dem Bildschirm eines Computers interpretiert werden, der nur nach oben (o), rechts (r), unten (u) und links (l) gehen kann, wobei pro terminalem Symbol eine feste Längeneinheit zurückgelegt wird (vgl. [Grune and Jacobs, 1990]).

   Lösen Sie die folgenden Aufgaben:

   a) Geben Sie einen möglichst speziellen Typ für G an.

   b) Zeichnen Sie eine Skizze für den Weg, der durch das Wort *oruullor* beschrieben wird.

   c) Geben Sie eine Ableitung für das Wort *oruullor* in G an.

   d) Überlegen Sie sich, wie die Sprache, die von G erzeugt wird, aussieht.

8. Gegeben sei die Grammatik $G = (\{S, N, E\}, \{0, 1, t\}, P, S)$ mit

   P: $S \to 0NS$ $N0 \to 0N$
       $S \to 1ES$ $N1 \to 1N$
       $S \to t$ $E0 \to 0E$
       $Nt \to t0$ $E1 \to 1E$
       $Et \to t1$

   a) Geben Sie einen möglichst speziellen Typ für G an.

   b) Beschreiben Sie die Sprache $L = L(G)$ mengentheoretisch.

Kapitel 3

Endliche Automaten und reguläre Sprachen

Die Automatentheorie hat die Aufgabe, mit Hilfe abstrakter Automatenkonzepte die verschiedenen Verarbeitungstechniken von mechanischen oder elektronischen Geräten systematisch zu erfassen.

Uns interessieren hier in erster Linie Techniken, mit deren Hilfe man überprüfen kann, ob ein formalsprachlicher Ausdruck syntaktisch korrekt ist oder nicht. Solche Algorithmen benötigt man typischerweise während des Kompiliervorgangs für ein Computerprogramm, aber auch in anderen Anwendungen wie etwa beim Erkennen von Adressen durch automatische Postverteilungssysteme oder bei der Analyse der Struktur von Webseiten. Fasst man hierbei die Menge der zulässigen Eingaben als Wörter einer Sprache auf, so kann die Aufgabe dadurch charakterisiert werden, dass ein Algorithmus, oder anders ausgedrückt, ein Automat alle Wörter der Sprache erkennen muss.

Es wird sich herausstellen, dass ein enger Zusammenhang zwischen formalen Sprachen und gewissen Automatenmodellen besteht, und dass die Chomsky-Hierarchie für Sprachen eine entsprechende Hierarchie für Automatenmodelle impliziert.

Wir wollen als erstes das Konzept der *endlichen Automaten* vorstellen und aufzeigen, dass sie zum Erkennen von regulären Sprachen geeignet sind. Wir zeigen dann, dass sich die Entwicklung entsprechender Erkennungsalgorithmen besonders einfach realisieren lässt, wenn sie über den Zwischenschritt der so genannten *nichtdeterministischen endlichen Automaten* erfolgt, die den Erkennungsprozess auf einem hohen Abstraktionsniveau darstellen. Anschließend werden wir einen weiteren Formalismus zur Beschreibung regulärer Sprachen vorstellen, die *regulären Ausdrücke*, die sich in der Praxis als Spezifikationssprache durchgesetzt haben. Anhand einiger Anwendungen aus den Bereichen Textsuche (Pattern-Matching), Scanner-Generatoren und Dateiauswahl in Kommandosprachen wollen wir ihre Bedeutung herausstellen.

3.1 Arbeitsweise endlicher Automaten

Grammatiken beschreiben den Erzeugungsaspekt von formalen Sprachen. Bei regulären Grammatiken werden die Wörter Zeichen für Zeichen von links nach rechts erzeugt.

So kann man etwa mit den regulären Grammatikregeln

$$
\begin{aligned}
Bezeichner &\rightarrow x\ BezRest \\
BezRest &\rightarrow y\ BezRest \\
BezRest &\rightarrow u\ BezRest \\
BezRest &\rightarrow 3
\end{aligned}
$$

(vgl. die Grammatik des Abschnitts 2.2) die folgende Ableitung für den Bezeichner $xyu3$ durchführen:

$$Bezeichner \Rightarrow x\ \boxed{BezRest} \Rightarrow x\ \boxed{y\ BezRest} \Rightarrow xyu\ BezRest \Rightarrow xyu3$$

$$BezRest \rightarrow y\ BezRest$$

Bei jedem Ableitungsschritt fügt man durch Anwendung einer Grammatikregel zum bisher erzeugten Anfangsteil ein terminales Symbol hinzu sowie (außer im letzten Schritt) eine Variable, aus der der anschließende Bezeichnerrest erzeugt wird.

Dies heißt z. B. für den zweiten Schritt der Ableitung:

Ein Bezeichnerrest wird erzeugt, indem das Zeichen y erzeugt wird und daran anschließend ein Bezeichnerrest.

Ein Scanner, der für ein Eingabewort überprüft, ob es ein zulässiger Bezeichner ist, steht vor einer anderen Situation, denn er bekommt ein fertiges Eingabewort vorgegeben. Er muss seine Aufgabe dadurch erledigen, dass er die Eingabe Zeichen für Zeichen überprüft, um am Ende seine Entscheidung treffen zu können.

Trotzdem kann jeder Schritt des Scanners als Anwendung einer Grammatikregel aufgefasst werden. Z. B. kann die oben formulierte Aufgabe für den zweiten Schritt der Ableitung in eine Aufgabe für das Akzeptieren eines Wortes in der folgenden Weise uminterpretiert werden:

Ein Restwort wird als Bezeichnerrest erkannt, falls es mit y beginnt und anschließend ein Bezeichnerrest folgt.

Die folgende Skizze zeigt die Situation für den Scanner vor und nach der Bearbeitung des zweiten Zeichens. Das fertige Wort steht auf einem Eingabespeicher, ein Lesekopf liest das Zeichen y. Die noch zu erledigende Aufgabe ist als Zustand der Steuereinheit des Scanners vermerkt. Nach diesem Bearbeitungsschritt muss immer noch ein Bezeichnerrest folgen, der nun mit dem Zeichen u beginnt.

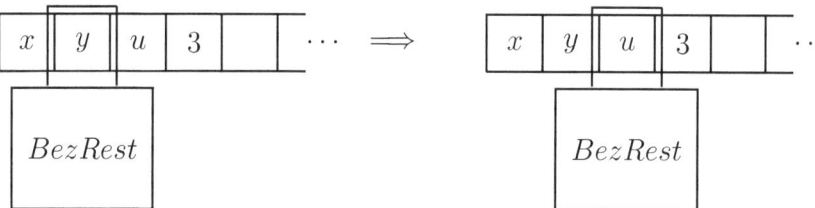

Die einzelnen Arbeitsschritte eines Scanners beim zeichenweisen Lesen der Eingabe können also mit Hilfe der Uminterpretation von regulären Grammatikregeln beschrieben werden. Damit ergibt sich ein enger Zusammenhang zwischen Scannern und regulären Grammatiken, und wir werden zeigen, dass man mit Scannern genau die regulären Sprachen *erkennen* kann. Erkennen heißt hierbei, dass für beliebige Wörter über einem zugrundegelegten Alphabet entschieden werden kann, ob sie zu einer vorgegebenen Sprache gehören oder nicht.

Das Grundprinzip von Scannern wird abstrakt als ein so genannter *endlicher Automat* definiert.

Ein endlicher Automat bekommt eine Eingabe in Form eines Wortes, das zeichenweise auf ein einseitig unendliches Eingabeband geschrieben ist. Er liest das Wort mit einem Lesekopf Zeichen für Zeichen bis zum Ende. Nach jedem Zeichen kann er den Zustand der Steuereinheit ändern und hat somit die Möglichkeit, gewisse Informationen zu speichern. Gemäß der oben beschriebenen Interpretation kann im Zustand eine Information enthalten sein, die ausdrückt, von welcher Form das Restwort sein muss, damit es erkannt wird.

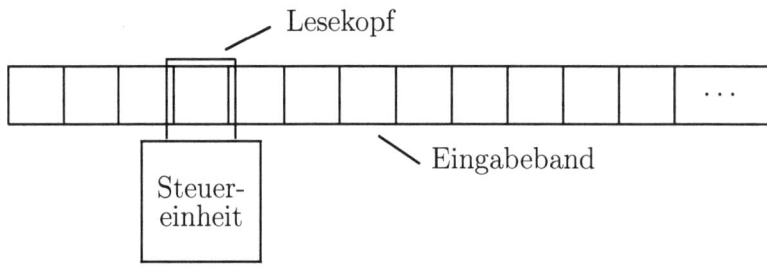

Die Abarbeitung von Eingabewörtern wird in der folgenden Weise durchgeführt:

- Zu Beginn befindet sich die Steuereinheit im Anfangszustand, der Lesevorgang beginnt auf dem von links gesehen ersten Zeichen des Wortes auf dem Eingabeband.

- Der Lesekopf geht schrittweise auf dem Eingabeband nach rechts und liest die Zeichen, die auf den einzelnen Feldern stehen.

- In jedem Schritt kann die Steuereinheit, abhängig vom augenblicklichen Zustand und dem gelesenen Zeichen, den Zustand ändern.

- Das Wort wird von dem endlichen Automaten erkannt, wenn er sich nach dem vollständigen Lesen des Wortes in einem Endzustand befindet.

3.2 Grundlegende Begriffe

Wir wollen das beschriebene Konzept in eine formale Definition fassen. Dabei setzen wir voraus, dass die Anzahl der verfügbaren Zustände endlich ist, weshalb nur endlich viele Informationseinheiten gespeichert werden können. Dieser Sachverhalt hat zu dem Namen *endlicher Automat* geführt.

Definition: (Endlicher Automat)

Ein (*deterministischer*) *endlicher Automat* ist ein 5-tupel $M = (Z, V, \delta, q_M, F)$ mit

1. Z, V sind endliche, nichtleere, disjunkte Mengen.
   Z heißt *Zustandsmenge*, V heißt das *Eingabealphabet*.
2. $\delta : Z \times V \to Z$, δ heißt *Überführungsfunktion*.
3. $q_M \in Z$, q_M heißt der *Anfangszustand*.
4. $F \subseteq Z$, F heißt die *Menge der Endzustände*. Ein Endzustand wird auch als *akzeptierender Zustand* bezeichnet.

Bemerkungen:
- $\delta(q, a) = q'$ bedeutet: Liest der endliche Automat M im Zustand q das Zeichen a, so geht er in den Zustand q' über und rückt den Lesekopf auf dem Eingabeband ein Feld weiter.
- δ ist im Allgemeinen *partiell*, d. h., es muss für ein Paar (q, a) nicht immer ein Funktionswert existieren. Allerdings betrachten wir meist endliche Automaten mit *totalem* δ, dann ist für jedes Paar (q, a) ein Folgezustand definiert, und Eingabewörter werden immer vollständig bis zum Ende gelesen.
- Die Eigenschaft *deterministisch* drückt aus, dass in jeder Situation die Arbeitsweise eindeutig definiert ist, d. h., entweder gibt es genau einen Folgezustand, oder der Automat stoppt vorzeitig. Wenn wir von endlichen Automaten reden, so meinen wir deterministische endliche Automaten, im Gegensatz zu den im nächsten Abschnitt behandelten nichtdeterministischen endlichen Automaten, bei denen wir das Adjektiv „nichtdeterministisch" immer hinzufügen.

Ein Scanner muss die syntaktisch korrekten Eingaben von den unkorrekten Eingaben unterscheiden können, das heißt, er muss *erkennen* können, ob eine korrekte Eingabe vorliegt. Die Menge der korrekten Eingaben bildet die *Sprache*, die von einem Scanner erkannt wird.

> **Definition: (Von endlichem Automaten erkannte Sprache)**
>
> Sei $M = (Z, V, \delta, q_M, F)$ ein endlicher Automat. Das Wort $x \in V^*$ sei auf das Eingabeband geschrieben, beginnend auf dem ersten Feld von links. M starte im Anfangszustand q_M über dem ersten Feld des Eingabebands.
>
> x wird von M *erkannt* (*akzeptiert*), falls M nach dem vollständigen Lesen von x einen Endzustand angenommen hat.
>
> Stoppt M frühzeitig, was vorkommen kann, wenn δ nicht total ist, so wird das Wort nicht erkannt. Das Leerwort ε wird genau dann erkannt, wenn $q_M \in F$.
>
> Die von M *erkannte* (*akzeptierte, dargestellte*) *Sprache* ist die Menge
>
> $$T(M) = \{x \in V^* \mid x \text{ wird von } M \text{ erkannt}\}.$$

Beispiel:

$M = (Z, V, \delta, q_M, F)$ sei ein endlicher Automat mit der Zustandsmenge $Z = \{q_0, q_1, q_2\}$ und dem Eingabealphabet $V = \{0, 1\}$. q_0 sei der Anfangszustand q_M, und q_2 sei der einzige Endzustand, d.h. $F = \{q_2\}$. Die Überführungsfunktion δ geben wir als Menge von Arbeitsanweisungen in Form einer Tabelle an.

Wir zeigen beispielhaft die Bearbeitung zweier Wörter, wobei das erste Wort erkannt wird, das zweite wird nicht erkannt. Für jede Situation (q, a) können wir aus der Tabelle ablesen, welches der Folgezustand ist. Verfolgt man die Arbeitsweise bei den beiden Beispielen, wird das allgemeine Prinzip des endlichen Automaten schnell deutlich.

3.2 Grundlegende Begriffe

Arbeitsanweisungen (δ):

augenblicklicher Zustand q	gelesenes Zeichen a	Folgezustand $\delta(q,a)$
q_0	0	q_0
q_0	1	q_1
q_1	0	q_1
q_1	1	q_2
q_2	0	q_2
q_2	1	q_1

Abarbeitung von $x_1 = 010110010$:

0	1	0	1	1	0	0	1	0	♭	$\cdots$

$q_0 \quad q_0 \quad q_1 \quad q_1 \quad q_2 \quad q_1 \quad q_1 \quad q_1 \quad q_2 \quad q_2 \in F$

Abarbeitung von $x_2 = 010110011$:

0	1	0	1	1	0	0	1	1	♭	$\cdots$

$q_0 \quad q_0 \quad q_1 \quad q_1 \quad q_2 \quad q_1 \quad q_1 \quad q_1 \quad q_2 \quad q_1 \notin F$

♭ bezeichnet ein Leerzeichen (Blank).

Das Wort x_1 wird erkannt, da M in einem Endzustand stoppt, x_2 wird nicht erkannt, da M in diesem Fall nicht in einem Endzustand stoppt.

Nach der Anfangsphase wechselt der Automat nur noch zwischen den beiden Zuständen q_1 und q_2. Ein Zustandswechsel findet statt, wenn eine Eins gelesen wird, die Nullen haben keine Auswirkung auf den Zustand. Der Automat befindet sich immer im Zustand q_1, wenn eine *ungerade* Anzahl Einsen gelesen wurde, und im Zustand q_2, wenn eine *gerade* Anzahl gelesen wurde. Offensichtlich gilt:

M erkennt die Sprache

$$T(M) = \{x \in V^* \mid \text{Anzahl der Einsen in } x \text{ ist gerade und} \geq 2\}.$$

3.3 Darstellung endlicher Automaten mit Hilfe von Zustandsdiagrammen

Die Darstellung von δ in Form einer Tabelle wie im letzten Beispiel wird sehr unübersichtlich, wenn der Automat viele Zustände hat. Fasst man die Zustände als Knoten in einem gerichteten Graphen auf, so kann man die Zustandsübergänge durch Pfeile abbilden, und das Abarbeiten eines Wortes kann als Weg durch den Graphen nachvollzogen werden.

Beispiel:

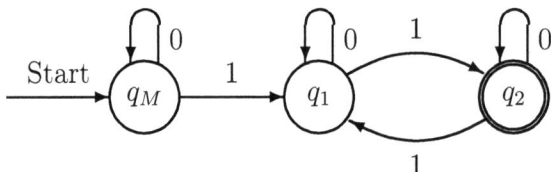

Definition: (Zustandsdiagramm)

Das *Zustandsdiagramm* eines endlichen Automaten $M = (Z, V, \delta, q_M, F)$ ist ein gerichteter Graph mit Beschriftungen, wobei folgendes gilt:

1. Die Knoten entsprechen den Zuständen: ⓠ

2. Für jedes Paar $(q, a) \in Z \times V$, für das δ definiert ist, führt ein Pfeil (= gerichtete Kante) mit Beschriftung a von q nach $q' := \delta(q, a)$: ⓠ —a→ ⓠ′

3. Darstellung des Anfangszustands:

4. Darstellung von Endzuständen:

3.3 Zustandsdiagramme

Es sind die folgenden Vereinfachungen üblich:

- statt  zeichne

- 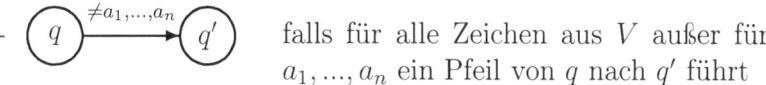 falls für alle Zeichen aus V außer für $a_1, ..., a_n$ ein Pfeil von q nach q' führt

- 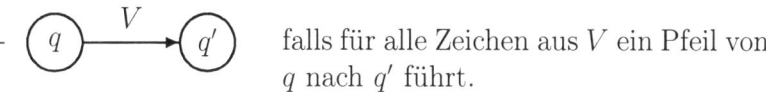 falls für alle Zeichen aus V ein Pfeil von q nach q' führt.

Beispiele:

1. Wir geben einen endlichen Automaten an, mit dem man überprüfen kann, ob die Anzahlen von Nullen bzw. Einsen in einer Binärfolge gerade oder ungerade ist. Z. B. erkennt der dargestellte Automat alle Wörter über dem Alphabet $V = \{0, 1\}$, die eine gerade Anzahl von Nullen und eine ungerade Anzahl von Einsen enthalten:

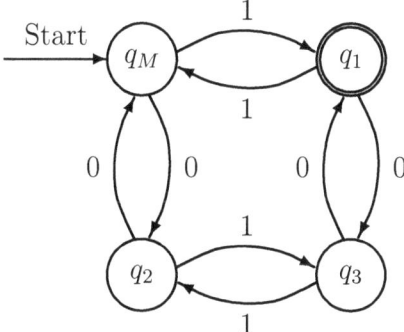

Jeder Zustand codiert die Information, ob die Anzahl der Nullen bzw. Einsen bei Erreichen des Zustands gerade oder ungerade ist. Die jeweilige Information ist in der folgenden Tabelle dargestellt:

Zustand	Anzahl Nullen	Anzahl Einsen
q_M	gerade	gerade
q_1	gerade	ungerade
q_2	ungerade	gerade
q_3	ungerade	ungerade

Durch eine geeignete Wahl der Menge F der Endzustände kann man Kombinationen von geraden und ungeraden Anzahlen abprüfen. Wählt man z. B. $F = \{q_1, q_2\}$, so werden alle Binärstrings erkannt, die *entweder* eine gerade Anzahl von Nullen *oder* eine gerade Anzahl von Einsen enthalten.

2. Der folgende endliche Automat erkennt die Sprache, die aus allen Bezeichnern besteht, die mit einem Buchstaben oder Unterstrich beginnen, und deren Rest aus Buchstaben, Unterstrich und Ziffern zusammengesetzt ist (eine reguläre Grammatik für diese Sprache haben wir in Abschnitt 2.2 vorgestellt).

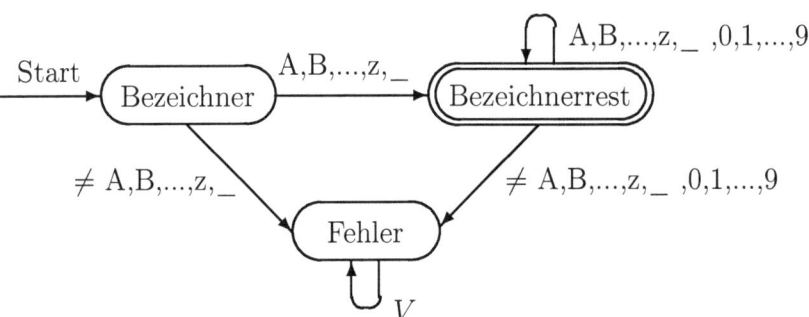

Dieses Beispiel zeigt auch die Verwendung von so genannten *Fehlerzuständen*, die nicht akzeptierend sind und deshalb nicht mit den Endzuständen verwechselt werden dürfen. Die Fehlerzustände dienen dazu, bei Wörtern, die nicht erkannt werden sollen, geeignete Fehlerbehandlungen anzustoßen. Aus einem Fehlerzustand führen alle Symbole des zugrunde liegenden Alphabets V wieder zurück.

3.4 Nichtdeterministische endliche Automaten

Die Entwicklung der Programmiersprachen zeichnet sich dadurch aus, dass immer mehr Routinearbeiten von allgemeiner Natur durch generelle Algorithmen, die schon in der Laufzeitumgebung oder im Compiler integriert sind, erledigt werden. Ein typisches Beispiel ist die Rekursion, die in Programmiersprachen wie Java, Pascal oder C unterstützt wird, nicht jedoch in älteren Programmiersprachen wie Fortran oder Basic.

Wird ein Konzept wie die Rekursion beim Programmieren verwendet, so muss man zwar das Prinzip und die durch den Automatismus erledigte Verarbeitung begriffen haben, aber die aufwändige Kleinarbeit beim Programmieren ohne Rekursion entfällt. Das Resultat sind bedeutend kürzere und besser lesbare Programme.

Ähnliche Beispiele sind die Verwaltung von Objekthierarchien beim objektorientierten Programmieren oder das eingebaute Backtracking beim logischen Programmieren, wie es etwa in der Programmiersprache Prolog realisiert ist.

Backtracking ist ein Algorithmus, der in Situationen, in denen es mehrere Fortsetzungsmöglichkeiten beim Ablauf eines Programms gibt, sämtliche Alternativen systematisch durchspielt. Dadurch wird das so genannte *nichtdeterministische* Programmieren möglich, das die Lösung vieler Probleme auf hoher Abstraktionsebene mit extrem kurzem Programmcode erlaubt.

Endliche Automaten sind hervorragend geeignet, das Konzept des Nichtdeterminismus deutlich zu machen. Nach der Definition eines nichtdeterministischen endlichen Automaten wollen wir dies anhand eines Beispiels demonstrieren.

> **Definition: (Nichtdeterministischer endlicher Automat)**
>
> Ein (*nichtdeterministischer*) *endlicher Automat* ist ein 5-tupel $M = (Z, V, \delta, q_M, F)$, dessen Bestandteile in derselben Weise wie bei deterministischen endlichen Automaten gegeben sind, mit Ausnahme von δ, das anstatt als Funktion nun als Relation definiert wird:
> $$\delta \subseteq Z \times V \times Z.$$
>
> δ heißt *Überführungsrelation*.

Ein Wort $x \in V^*$ wird von M *erkannt* und ist Element der von
M erkannten (akzeptierten) Sprache $T(M)$, falls M, beginnend
im Anfangszustand mit dem Lesekopf auf dem ersten Zeichen
von x, mindestens eine Möglichkeit hat, das Wort x vollständig
zu lesen und anschließend in einem Endzustand zu stoppen.

Die folgende Skizze verdeutlicht den Unterschied zwischen einer Funktion
$f\colon {\rm I\!R} \to {\rm I\!R}$ und einer Relation $R \subseteq {\rm I\!R} \times {\rm I\!R}$ (${\rm I\!R}$ = Menge der reellen Zahlen).

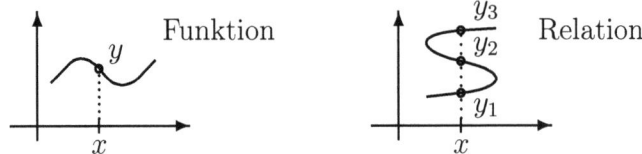

Bemerkungen:

- Die Definition von δ als Relation hat zur Folge, dass es für ein Paar (q, a) *mehrere* Folgezustände geben kann.

- Für das Erkennen eines Wortes genügt *ein* erfolgreicher Lesevorgang, obwohl es eventuell für dieses Wort noch andere durch δ „gesteuerte" Abarbeitungsmöglichkeiten gibt, die nicht erfolgreich sind.

- Offensichtlich ist jeder deterministische endliche Automat ein spezieller nichtdeterministischer endlicher Automat, denn eine Funktion $f\colon A \to B$ kann immer als die Relation $R \subseteq A \times B$ mit $R = \{(x, y) \mid f(x) = y\}$ aufgefasst werden.

Nichtdeterministische endliche Automaten können genauso wie die deterministischen in eindeutiger Weise als Zustandsdiagramme dargestellt werden. Der einzige Unterschied besteht darin, dass bei nichtdeterministischen endlichen Automaten aus einem Zustand mehrere Pfeile mit derselben Beschriftung hinausführen können:

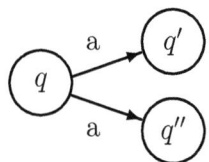

Beispiel:

Seien $V = \{0,1\}$ und L die Menge aller Wörter aus V^*, in denen an vorletzter Stelle eine 0 steht.

Es ist einfach, den folgenden nichtdeterministischen endlichen Automaten herauszufinden, der L erkennt:

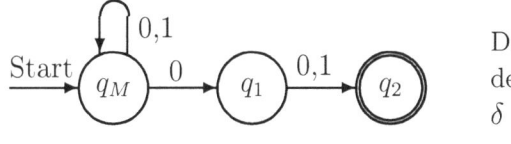

Die Überführungsrelation besteht aus der folgenden Menge von Tripeln:
$\delta = \{(q_M, 0, q_M), (q_M, 1, q_M),$
$(q_M, 0, q_1), (q_1, 0, q_2), (q_1, 1, q_2)\}$

Dagegen ist es relativ schwierig, sich einen deterministischen endlichen Automaten für L zu überlegen:

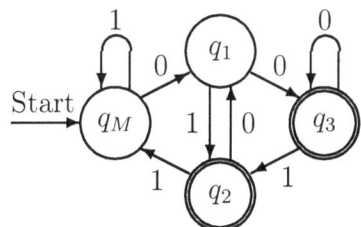

Die erste Lösung auf der Abstraktionsebene des Nichtdeterminismus beschreibt lediglich, wie das Ende eines Wortes, das erkannt werden soll, auszusehen hat. Wie die verschiedenen Anfangsteile abgearbeitet werden, wird einer Implementierung überlassen, bei der etwa durch einen Backtracking-Mechanismus alle Möglichkeiten in systematischer Weise durchgespielt werden. Bei dem deterministischen endlichen Automaten sind die verschiedenen Möglichkeiten schon im Automatenmodell berücksichtigt.

Offensichtlich ist es für den Programmierer aufwändiger, für ein spezielles Problem die dazugehörigen Alternativen selbst zu programmieren, als dies einem vorgefertigten, generellen Verfahren zu überlassen. Die Verwendung genereller Verfahren erzeugt allerdings langsamere Programme, ein Problem, das wir auch vom Einsatz der Rekursion her kennen.

3.5 Gleichwertigkeit der Konzepte reguläre Sprachen – endliche Automaten

Sowohl Grammatiken als auch erkennende Automaten beschreiben Sprachen, allerdings unter einem jeweils anderen Gesichtspunkt.

Wir werden nun zeigen, dass die endlichen Automaten genau die Sprachen akzeptieren, die von den regulären Grammatiken erzeugt werden, also die regulären Sprachen. Dabei ist es einerlei, ob man deterministische oder nichtdeterministische endliche Automaten zugrundelegt, d. h. beide Konzepte sind gleichmächtig.

Satz:
Sei $L \subseteq V^*$. Dann sind die folgenden Aussagen äquivalent:

(a) L ist regulär.
(b) Es gibt einen nichtdeterministischen endlichen Automaten, der L erkennt.
(c) Es gibt einen deterministischen endlichen Automaten, der L erkennt.

Wir führen den Beweis als Ringschluss durch, indem wir die Implikationen (a) → (b), (b) → (c) und (c) → (a) zeigen.

Eigentlich beweist man die Äquivalenz zweier Aussagen X und Y, indem man sowohl die Implikation $X \to Y$ als auch die Implikation $Y \to X$ beweist. Aufgrund der Transitivität der Implikation folgen aber aus unserem Ringschluss die restlichen Implikationen (a) → (c), (b) → (a) und (c) → (b).

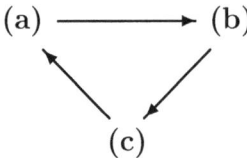

Für die Beweise geben wir hier nur die erforderlichen Konstruktionsalgorithmen an (zu dem Beispiel vgl. [Kozen, 1997]). Dass die Ergebnisse das Gewünschte auch tatsächlich leisten, ist aus der Konstruktion ersichtlich, für genauere Begründungen verweisen wir auf die Literatur (siehe z. B. [Schöning, 2008]).

3.5 Reguläre Sprachen – endliche Automaten

Beweis:

(a) → (b) Konstruktion eines nichtdeterministischen endlichen Automaten aus einer regulären Grammatik.

allgemein:	**Beispiel:**
Sei $G = (V_N, V_T, P, S)$ eine reguläre Grammatik mit $L := L(G)$.	$V_N = \{S, X\}, V_T = \{0, 1\}$ $P: \quad S \to 0S \quad X \to 0$ $\quad S \to 1S \quad X \to 1$ $\quad S \to 0X$ $L = \{x \in \{0,1\}^* \mid x$ hat an vorletzter Stelle eine $0\}$
Definiere einen nichtdet. endl. Aut. $M = (Z, V, \delta, q_M, F)$ durch $Z := V_N \cup \{E\},\ E \notin V_N,$ $V := V_T,$ $q_M := S,$ $F := \begin{cases} \{S, E\}, & falls\ S \to \varepsilon \in P, \\ \{E\}, & sonst. \end{cases}$ δ sei gegeben durch $(A, a, B) \in \delta$ gdw. $A \to aB \in P$, $(A, a, E) \in \delta$ gdw. $A \to a \in P$, mit $A, B \in Z,\ a \in V$ (*gdw.* abgek. für *genau dann, wenn*). $(E, a, q) \notin \delta$ für alle $a \in V, q \in Z$.	$Z = \{S, X, E\}$ $V = \{0, 1\}$ $q_M = S$ $F = \{E\}$ $\begin{array}{ll} \delta & P \\ (S, 0, S) & S \to 0S \\ (S, 1, S) & S \to 1S \\ (S, 0, X) & S \to 0X \\ (X, 0, E) & X \to 0 \\ (X, 1, E) & X \to 1 \end{array}$

Ergebnis:

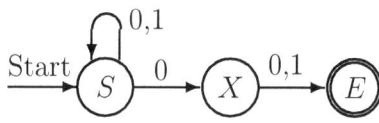

(b) → (c) Konstruktion eines deterministischen endlichen Automaten aus einem nichtdeterministischen endlichen Automaten.

| **allgemein:** | **Beispiel:** |

Sei $M = (Z, V, \delta, q_M, F)$ ein nichtdet. endl. Automat.

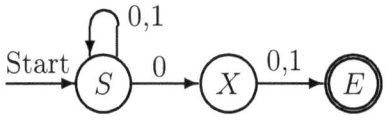

Definiere $M' = (Z', V, \delta', q_{M'}, F')$ durch
$Z' := \mathcal{P}(Z)$
(Potenzmenge von Z),
 d.h. $Q \in Z'$ gdw. $Q \subseteq Z$,
$\delta'(Q, a) := \{p \in Z \mid \text{es gibt ein } q \in Q$
 $\text{mit } (q, a, p) \in \delta\}$,
$q_{M'} := \{q_M\}$,
$F' := \{Q \in Z \mid \text{es gibt ein } q \in Q$
 $\text{mit } q \in F\}$.

$Z' = \{\{S, X, E\}, \{S, X\}, \{S, E\},$
 $\{X, E\}, \{S\}, \{X\}, \{E\}, \emptyset\}$

z. B. gilt:
$\delta'(\{S, X\}, 0) = \{S, X, E\}$
 wegen $(S, 0, S) \in \delta$
 $(S, 0, X) \in \delta$
 $(X, 0, E) \in \delta$

Ergebnis:

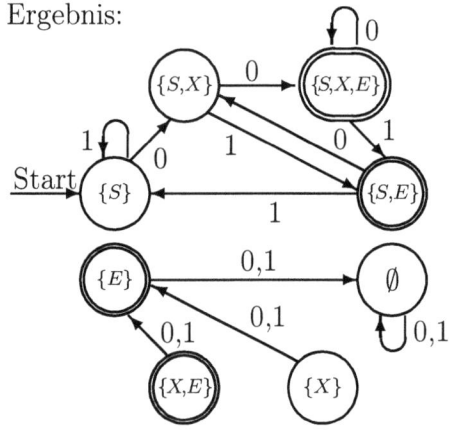

3.5 Reguläre Sprachen – endliche Automaten

(c) → (a) Konstruktion einer regulären Grammatik aus einem deterministischen endlichen Automaten.

allgemein:

Sei $M = (Z, V, \delta, q_M, F)$ ein det. endl. Automat.

Beispiel:

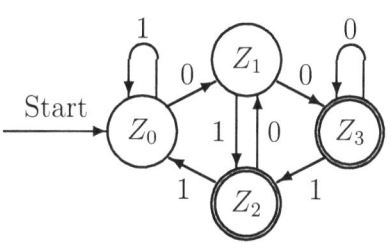

Definiere $G = (V_N, V_T, P, S)$ durch
$V_N := Z$,
$V_T := V$,
$S := q_M$,
P sei gegeben durch
$A \to aB \in P$ gdw. $\delta(A, a) = B$,
$A \to a \in P$ gdw. $\delta(A, a) \in F$.

$V_N = \{Z_0, Z_1, Z_2, Z_3\}$
$V_T = \{0, 1\}$
$S = Z_0$

P: $Z_0 \to 1Z_0$ $Z_2 \to 1Z_0$
       $Z_0 \to 0Z_1$ $Z_2 \to 0Z_1$

       $Z_1 \to 1Z_2$ $Z_3 \to 1Z_2$
       $Z_1 \to 1$ $Z_3 \to 1$
       $Z_1 \to 0Z_3$ $Z_3 \to 0Z_3$
       $Z_1 \to 0$ $Z_3 \to 0$

Spezialfall:
Falls $q_M \in F$, muss G so abgeändert werden, dass ε auch erzeugt werden kann.
(Definiere neues Startsymbol S', füge die Regel $S' \to \varepsilon$ sowie für alle Regeln $S \to \alpha \in P$ die Regel $S' \to \alpha$ hinzu.)   □

Bemerkungen:

- Die Konstruktion einer regulären Grammatik aus einem nichtdeterministischen endlichen Automaten kann in der gleichen Weise durchgeführt werden wie aus einem deterministischen endlichen Automaten.

- Die zum Schluss erhaltene Grammatik ist verschieden von der Grammatik, mit der wir begonnen haben. Dies kommt daher, dass die erste Grammatik „nichtdeterministisch" in dem Sinne ist, dass ein terminales Symbol in mehrfacher Weise aus derselben Variablen erzeugt werden kann (z. B. durch die beiden Regeln $S \to 0S$ und $S \to 0X$). Dagegen spiegelt die zweite Grammatik den Determinismus des endlichen Automaten, aus dem sie entstanden ist, wider.

- Bei der vorgestellten Konstruktion des deterministischen endlichen Automaten kann durch die Wahl der neuen Zustandsmenge als Potenzmenge die Anzahl der neuen Zustände sehr groß werden, denn bei einer Menge mit n Elementen hat die Potenzmenge 2^n Elemente. Dies bedeutet einen exponentiellen Aufwand in Abhängigkeit der Anzahl der Zustände des deterministischen endlichen Automaten.

  Wir werden im nächsten Abschnitt ein wesentlich effizienteres Verfahren vorstellen, das nur diejenigen Zustände erzeugt, die auch wirklich benötigt werden. Ein vom Anfangszustand aus nicht erreichbarer Teil wie im Beispiel kann dabei nicht entstehen. Allerdings gibt es „worst case"-Fälle, bei denen dieses Verfahren keinen Vorteil bietet.

- Durch die Aneinanderreihung der ersten beiden vorgestellten Algorithmen ist es möglich, zu einer regulären Grammatik einen deterministischen endlichen Automaten für die Erkennung der zugehörigen Sprache zu konstruieren. Auf diese Weise könnte die automatische Generierung eines Scanners für eine Sprache realisiert werden, die mit Hilfe einer regulären Grammatik beschrieben ist. Wir werden in Abschnitt 3.9 noch einmal auf so genannte *Scanner-Generatoren* zurückkommen, die in der Praxis allerdings nicht reguläre Grammatiken als Eingabe erhalten, sondern *reguläre Ausdrücke*, die wir in Abschnitt 3.8 behandeln.

3.6 Konstruktion von deterministischen endlichen Automaten mit Hilfe von Zustandsbäumen

Wir wollen anhand eines Beispiels aus dem Bereich des „String search" zeigen, wie man die Konstruktion des deterministischen endlichen Automaten aus dem letzten Beweis gezielter und damit effizienter gestalten kann. Die Aufgabe bei dem Beispiel besteht darin, einen Textteil in einem vorgegebenen Text zu suchen. Jeder moderne Editor verfügt heute über eine solche Funktion.

Beispiel:

Gegeben sei das Alphabet $V = \{a, b, c\}$. Es liege ein Text mit Zeichen aus V vor, in dem der Textteil *ababc* gesucht werden soll.

Wir entwickeln dazu einen deterministischen endlichen Automaten, der alle Wörter über V erkennt, die mit dem gesuchten Textteil enden.

Einen nichtdeterministischen endlichen Automaten für diese Sprache kann man sofort in der folgenden Weise angeben:

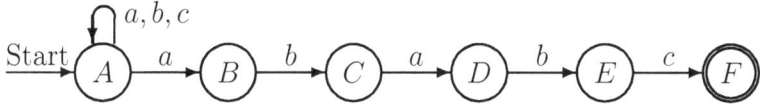

Der *Zustandsbaum* für diesen nichtdeterministischen endlichen Automaten ensteht dadurch, dass man nur diejenigen Zustände des deterministischen endlichen Automaten konstruiert, die von dem neuen Anfangszustand aus über einen verbundenen Weg von gerichteten Kanten erreichbar sind.

Dazu beginnt man mit dem neuen Anfangszustand und verzweigt zu allen direkten Nachfolgern. Dies wiederholt man mit jedem der so erhaltenen neuen Zustände. Hat man für einen Zustand schon einmal alle direkten Nachfolger hinzugefügt, so braucht dieser nicht mehr weiter berücksichtigt zu werden.

Wir führen dieses Konstruktionsverfahren für unser Beispiel durch. Bei der Bezeichnung der neuen Zustände lassen wir der Einfachheit halber die Mengenklammern weg und bezeichnen z. B. den Zustand $\{A, B, D\}$ kurz mit ABD.

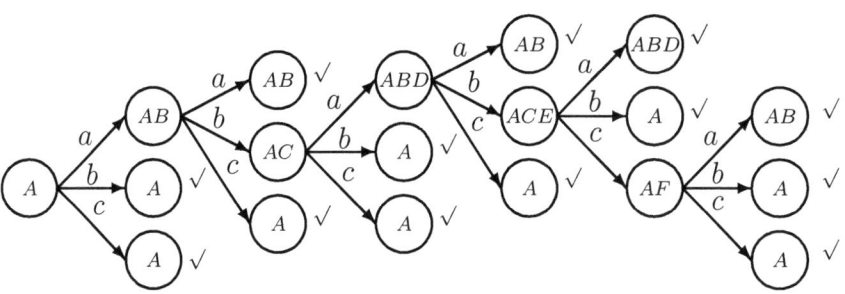

Damit haben wir für alle Zustände, die von dem neuen Anfangszustand erreichbar sind, die entsprechenden Übergänge konstruiert und können nun den deterministischen endlichen Automaten angeben:

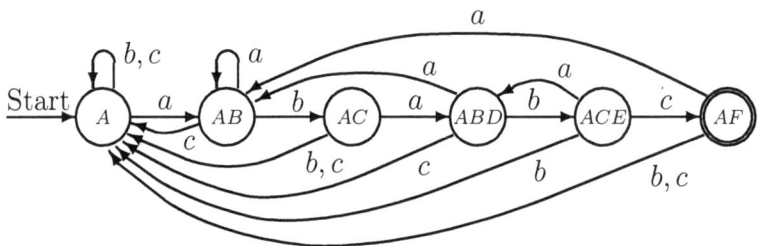

Der deterministische endliche Automat zeigt, wie die Textteilsuche in einem Editor realisiert werden könnte:

1. *Übersetze den zu suchenden Textteil in einen nichtdeterministischen endlichen Automaten. (Dieser hat immer die gleiche einfache Struktur, der Suchstring bestimmt die Folge der Zustände, die in den Endzustand führen.)*

2. *Konstruiere aus dem nichtdeterministischen endlichen Automaten einen deterministischen endlichen Automaten. (Mit dem Zustandsbaum-Verfahren.)*

3. *Lese den Gesamttext mit dem deterministischen endlichen Automaten. Dieser befindet sich immer dann in einem Endzustand, wenn er ein Vorkommen des gesuchten Textteils gefunden hat. Unterbreche den Automaten jeweils im Endzustand, markiere den gefundenen Textteil und biete dem Benutzer geeignete Interaktionsmöglichkeiten wie „Abbrechen!" oder „Weitersuchen!" an.*

Man kann mit dieser Technik sogar problemlos die Suche nach mehreren Textteilen gleichzeitig realisieren, wie das folgende Beispiel zeigt.

Es sei wieder das Alphabet $V = \{a, b, c\}$ zugrundegelegt und es seien die Wörter

$$abc,\ ca,\ baba$$

gesucht. Der zugehörige nichtdeterministische endliche Automat sieht folgendermaßen aus:

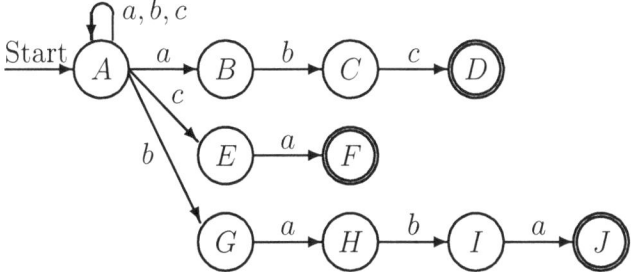

Obwohl die endlichen Automaten einen sehr einfachen Weg aufzeigen, die Suche nach Textteilen durchzuführen, haben sich in der Praxis schnellere Algorithmen wie der *Rabin-Karp-Algorithmus* oder der *Boyer-Moore-Algorithmus* durchgesetzt (siehe z. B. [Sedgewick, 1992]).

3.7 Eine kontextfreie Sprache, die nicht regulär ist

Die Sprache $L = \{0^n 1^n \mid n \geq 1\}$ ist kontextfrei, da wir eine kontextfreie Grammatik mit den Regeln $P = \{S \to 0S1,\ S \to 01\}$ angeben können, die L erzeugt (siehe Beispiel 2 in Abschnitt 2.1). In Abschnitt 2.2 haben wir erwähnt, dass diese Sprache nicht regulär ist, dass L also nicht durch eine reguläre Grammatik erzeugt werden kann. Dies wollen wir im folgenden beweisen.

Satz:
Die Sprache $L = \{0^n 1^n \mid n \geq 1\}$ ist nicht regulär.

Beweis (indirekt):
Wir nehmen an, L wäre regulär.

Dann gibt es einen nichtdeterministischen endlichen Automaten M mit $T(M) = L$. Sei k die Anzahl der Zustände von M.

Wir betrachten das Wort $x = 0^k 1^k \in L$.

M nimmt beim Abarbeiten von x der Reihe nach $2k+1$ Zustände an. Da M nur k verschiedene Zustände hat, wird bei der Abarbeitung von x mindestens ein Zustand, wir nennen ihn q, mehr als einmal angenommen, dazwischen wird ein nichtleeres Teilwort v von x abgearbeitet.

Das heißt, M liest einen ersten Teil u von x und gelangt in den Zustand q. Dann durchläuft M eine Schleife und ist nach dem Abarbeiten von v wieder im Zustand q. Nach dem Abarbeiten des Rests w gelangt M in einen Endzustand.

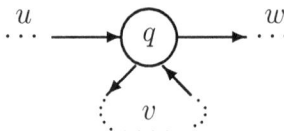

Alle Wörter der Form $uv^n w$, bei denen die Schleife n-mal durchlaufen wird ($n \geq 0$), führen zu demselben Endzustand und sind demnach offensichtlich auch in $T(M)$, es gilt also insbesondere $uv^2 w \in T(M)$.

Für die Lage des Teilworts v in $x = 0^k 1^k$ gibt es drei verschiedene Möglichkeiten:

$$x = 0 \underbrace{\ldots 0}_{Fall\ 1} \underbrace{1 \ldots}_{Fall\ 3} 1$$
$$\underbrace{}_{Fall\ 2}$$

D.h. v enthält nur das Zeichen 0 (Fall 1), oder v enthält beide Zeichen 0 und 1 (Fall 2), oder v enthält nur das Zeichen 1 (Fall 3).

Fall 1 $v = 0^j$:

D. h. $x = 0^i \underbrace{0^j}_{v} 0^l 1^k$ mit $i + j + l = k$.

Das Wort $x' = uv^2w = 0^i \underbrace{0^j}_{v} \underbrace{0^j}_{v} 0^l 1^k$ hat mehr Nullen als Einsen, deshalb gilt $x' \notin T(M)$. Oben hatten wir aber $uv^2w \in T(M)$ festgestellt, was einen *Widerspruch* ergibt.

Fall 2 $v = 0^j 1^l$:

D. h. $x = 0^i \underbrace{0^j 1^l}_{v} 1^m$ mit $i + j = k$ und $l + m = k$.

Im Wort $x' = uv^2w = 0^i \underbrace{0^j 1^l}_{v} \underbrace{0^j 1^l}_{v} 1^m$ kommt eine Null nach einer Eins vor, deshalb gilt $x' \notin T(M)$, was ebenfalls im *Widerspruch* zur Feststellung $uv^2w \in T(M)$ steht.

Fall 3 $v = 1^j$:

Dieser Fall ergibt analog zu Fall 1 einen *Widerspruch*.

Da alle Fälle einen Widerspruch ergeben, muss die Annahme, dass L regulär sei, falsch sein, folglich ist L nicht regulär. □

Die Sprache $\{0^n 1^n \mid n \geq 1\}$ abstrahiert bei Programmiersprachen die Eigenschaft, dass in geklammerten Ausdrücken, etwa in einem arithmetischen Ausdruck, bei der Verschachtelung von Klammern zu jeder öffnenden Klammer eine dazu passende schließende Klammer vorhanden sein muss, wie z. B. in dem Ausdruck $((x + (3 * y)) * 2)$. Dies ist eine Mindestanforderung an die korrekte Verwendung von Klammern. Aus dem eben gezeigten Satz folgt, dass zur Beschreibung dieser Eigenschaft reguläre Sprachen nicht in Frage kommen, sondern dass man kontextfreie Grammatiken dafür benötigt. Deshalb obliegt es üblicherweise dem Parser und nicht dem Scanner, korrekte Klammerungen zu überprüfen.

Aus demselben Grund sind in Programmiersprachen normalerweise verschachtelte Kommentare nicht zugelassen, bei denen eine Klammerung z. B.

mit den Symbolen /* und */ erfolgt. In modernen Programmiersprachen wie C kann die Verwendung verschachtelter Kommentare jedoch als Option erlaubt sein, was bedeutet, dass dann ein mächtigerer Erkennungsalgorithmus zugeschaltet wird als im Normalfall, natürlich auf Kosten der Übersetzungsgeschwindigkeit.

3.8 Reguläre Ausdrücke

Wir haben in Kapitel 2 schon gezeigt, dass sich generell zur Beschreibung kontextfreier Sprachen in Informatikanwendungen die Erweiterte Backus-Naur-Form besser eignet als die Theorie-orientierte Grammatikschreibweise. Der Hauptvorteil ist die maschinelle Lesbarkeit.

Für die effiziente Verarbeitung regulärer Sprachen hat sich ein für diesen Sprachtyp speziell entwickelter Formalismus als noch geeigneter erwiesen, die *regulären Ausdrücke* (engl.: *regular expression*).

Reguläre Ausdrücke werden z. B. bei der Suche nach Wortmustern in Editoren verwendet (siehe Abschnitt 3.10) oder bei der Filterung von Mails (um z. B. Spam zu unterdrücken), aber auch als Spezifikationssprache für Scanner-Generatoren (siehe Abschnitt 3.11). Moderne Programmiersprachen wie beispielsweise Java bieten Bibliotheken für den Einsatz regulärer Ausdrücke an. In vielen Anwendungen wird nur ein Teil der regulären Ausdrücke verwendet, so z. B. in Form von Wildcards bei der Suche nach Dateien in DOS und UNIX (siehe Abschnitt 3.12) oder in Suchmaschinen im Internet.

Die regulären Ausdrücke werden mit Hilfe von Operatoren für die Bildung von Alternativen, Sequenzen und Wiederholungen formuliert, die auf den mengentheoretischen Operationen Vereinigung, Produkt und Hüllenbildung bzgl. des Produkts basieren (siehe nachfolgende Definition).

Wir legen zunächst die Grundsymbole für reguläre Ausdrücke fest und beschreiben dann, wie man zusammengesetzte reguläre Ausdrücke bildet. Eine solche Definition nennt man *induktiv über den Aufbau* der Ausdrücke, ein Prinzip, das in der Informatik sehr häufig verwendet wird (z. B. auch für die Definition Boolescher Ausdrücke).

In der Definition ordnen wir gleichzeitig jedem regulären Ausdruck α die Sprache $L(\alpha)$ zu, die der jeweilige reguläre Ausdruck repräsentiert.

Definition: (Regulärer Ausdruck)

Sei V ein Alphabet.
1. $\emptyset$ ist ein regulärer Ausdruck für die Sprache $L(\emptyset) = \emptyset$.
2. ε ist ein regulärer Ausdruck für die Sprache $L(\varepsilon) = \{\varepsilon\}$.
3. Für jedes $a \in V$ ist a ein regulärer Ausdruck für die Sprache $L(a) = \{a\}$.
4. Seien α und β reguläre Ausdrücke für die Sprachen $L(\alpha)$ bzw. $L(\beta)$. Dann sind auch die folgenden Ausdrücke reguläre Ausdrücke:

   $\alpha \,|\, \beta$ Alternative, es gilt $L(\alpha \,|\, \beta) =$
   $L(\alpha) \cup L(\beta) = \{x \mid x \in L(\alpha) \text{ oder } x \in L(\beta)\}$.
   Der |-Operator heißt *Alternativenbildung*,
   man liest: α *oder* β.

   $\alpha\beta$ Sequenz, es gilt $L(\alpha\beta) =$
   $L(\alpha)L(\beta) = \{xy \mid x \in L(\alpha) \text{ und } y \in L(\beta)\}$.
   Dieser Operator heißt *Konkatenation*
   (auch *Verkettung*), man liest: α *gefolgt von* β.

   α^* Wiederholung, es gilt $L(\alpha^*) =$
   $(L(\alpha))^* = \{\varepsilon\} \cup L(\alpha) \cup (L(\alpha))^2 \cup (L(\alpha))^3 \cup ...$
   $= \{x_1...x_n \mid x_i \in L(\alpha) \,(i = 1, ..., n), n \in \mathbb{N}\}$.
   Der *-Operator heißt *Verkettungshülle* oder
   Kleene-Star[1], man liest: α *Stern*.

Bemerkungen:

- Zur Betonung des zugrundeliegenden Alphabets verwendet man die Formulierung *regulärer Ausdruck über V*.

- Die Symbole $\emptyset$ und ε sowie die Elemente a des Alphabets werden hier mehrdeutig verwendet. Z. B. bezeichnet a in Regel 3 ein Zeichen aus V, einen regulären Ausdruck und ein Wort bestehend aus einem Zeichen. Da aus dem Gebrauch dieser Symbole normalerweise ersichtlich ist, welche Bedeutung sie haben, verzichtet man meist auf die Verwendung unterschiedlicher Symbole.

---

[1] Benannt nach Stephen C. Kleene (1909-1998), einem amerikanischen Mathematiker und Logiker.

Zur Strukturierung von regulären Ausdrücken werden runde Klammern verwendet. Um die Anzahl von Klammern auf das Nötigste zu beschränken, werden die folgenden Konventionen zur Bindungsstärke der Operatoren festgelegt (analog zu arithmetischen Ausdrücken):

- Der Kleene-Star bindet stärker als die Konkatenation.
- Die Konkatenation bindet stärker als die Alternativenbildung.

Nach diesen Regeln lässt sich z. B. der reguläre Ausdruck $(a(b^*))^* \,|\, (ab)$ zu dem Ausdruck $(ab^*)^* \,|\, ab$ vereinfachen.

Beispiele:

regulärer Ausdruck α	zugehörige Sprache $L(\alpha)$
$a \,\|\, b$	$\{a, b\}$
$(a \,\|\, b)\,(a \,\|\, b)$	$\{aa, ab, ba, bb\}$
$a(a \,\|\, b) \,\|\, b(a \,\|\, b)$	$\{aa, ab, ba, bb\}$
a^*	$\{a^n \mid n \geq 0\} = \{\varepsilon, a, aa, aaa, ...\}$
$\emptyset^*$	$\{\varepsilon\}$
ε^*	$\{\varepsilon\}$
ab^*	$\{ab^n \mid n \geq 0\}$
a^*b^*	$\{a^n b^m \mid n, m \geq 0\}$
$(ab)^*$	$\{(ab)^n \mid n \geq 0\}$
$(a \,\|\, b)^*$	$\{a, b\}^*$
$a^* \,\|\, b^*$	$\{a^n \mid n \geq 0\} \cup \{b^n \mid n \geq 0\}$
$(ab^*)^*$	$\{\varepsilon\} \cup \{aw \mid w \in \{a, b\}^*\}$
$(aa \,\|\, b)^*$	$\{w \in \{a, b\}^* \mid a$ kommt in w nur in Blöcken gerader Länge vor$\}$
$(0 \,\|\, 1)^*0(0 \,\|\, 1)$	$\{w \in \{0, 1\}^* \mid w$ hat an vorletzter Stelle eine 0$\}$

Das zweite und das dritte Beispiel machen deutlich, dass die Repräsentation einer Sprache durch einen regulären Ausdruck nicht eindeutig ist. Vergleichbar den Rechenregeln der Arithmetik gibt es Rechenregeln für reguläre Ausdrücke, mit denen man für eine gegebene Sprache einen möglichst einfachen regulären Ausdruck erzeugen kann.

3.8 Reguläre Ausdrücke

In der folgenden Zusammenstellung von Rechenregeln für reguläre Ausdrücke hat die Formulierung $\alpha \equiv \beta$ (gesprochen „α ist äquivalent zu β") für zwei reguläre Ausdrücke α und β die Bedeutung $L(\alpha) = L(\beta)$.

$\alpha \mid \emptyset \equiv \emptyset \mid \alpha \equiv \alpha$ $\alpha \varepsilon \equiv \varepsilon \alpha \equiv \alpha$	Neutralität
$\alpha \emptyset \equiv \emptyset \alpha \equiv \emptyset$	Annihilation
$\alpha \mid \alpha \equiv \alpha$ $(\alpha^*)^* \equiv \alpha^*$	Idempotenz
$\alpha \mid \beta \equiv \beta \mid \alpha$	Kommutativität
$(\alpha \mid \beta) \mid \gamma \equiv \alpha \mid (\beta \mid \gamma)$ $(\alpha \beta) \gamma \equiv \alpha (\beta \gamma)$	Assoziativität
$\alpha (\beta \mid \gamma) \equiv \alpha \beta \mid \alpha \gamma$ $(\alpha \mid \beta) \gamma \equiv \alpha \gamma \mid \beta \gamma$	Distributivität
$\varepsilon \mid \alpha^* \equiv \alpha^*$ $\alpha^* \alpha \equiv \alpha \alpha^*$ $\varepsilon \mid \alpha^* \alpha \equiv \alpha^*$	weitere Regeln

Für die Alternativenbildung verwendet man häufig das +-Symbol anstelle des |-Symbols, obwohl für das + der Arithmetik nicht das Idempotenzgesetz gilt, und somit ein wesentlicher Unterschied besteht. Man beachte auch, dass die Konkatenation weder idempotent noch kommutativ ist.

Beispiel:
Aufgrund der Distributivgesetze gilt:
$$(a \mid b)(a \mid b) \equiv (a \mid b) a \mid (a \mid b) b \equiv aa \mid ba \mid ab \mid bb.$$

3.8.1 Zusammenhang zwischen regulären Ausdrücken und regulären Sprachen

Die regulären Ausdrücke bilden neben regulären Grammatiken, deterministischen endlichen Automaten sowie nichtdeterministischen endlichen Automaten einen weiteren Formalismus zur Beschreibung regulärer Sprachen. Die einfache Syntax regulärer Ausdrücke erlaubt eine allgemeine, effiziente Verarbeitung im Rechner. Dass damit alle regulären Sprachen erfasst werden, soll im Folgenden genauer begründet werden.

Wir zeigen zunächst, dass jeder reguläre Ausdruck eine reguläre Sprache bezeichnet. Für den Beweis geben wir ein Verfahren an, das zu jedem regulären Ausdruck einen nichtdeterministischen endlichen Automaten erzeugt.

Für die Umkehrrichtung, dass jede reguläre Sprache durch einen regulären Ausdruck beschrieben werden kann, werden wir anschließend nur kurz die Beweisidee skizzieren.

Satz:
Zu jedem regulären Ausdruck gibt es einen nichtdeterministischen endlichen Automaten, der die durch den regulären Ausdruck dargestellte Sprache akzeptiert.

Beweis: (Konstruktion eines nichtdeterministischen endlichen Automaten aus einem regulären Ausdruck.)

Der Beweis wird induktiv über den Aufbau der regulären Ausdrücke durchgeführt. Dadurch ergibt sich ein Verfahren, mit dem man Schritt für Schritt aus den endlichen Automaten für die Grundsymbole endliche Automaten für beliebig zusammengesetzte reguläre Ausdrücke konstruiert. Wir stellen hier nur den Konstruktionsalgorithmus vor. Eine Begründung, dass das Ergebnis das Gewünschte leistet, folgt in einfacher Weise aus der Konstruktion (vgl. [Schöning, 2008]).

Sei V ein Alphabet. Für den Induktionsanfang geben wir die folgenden drei nichtdeterministischen endlichen Automaten an, die jeweils die Sprache, die von den regulären Ausdrücken $\alpha = \emptyset, \varepsilon, a\ (a \in V)$ dargestellt wird, erkennen:

Der Satz gelte nun für die beiden regulären Ausdrücke α_1 und α_2. Wir zeigen die Behauptung des Satzes für die drei regulären Ausdrücke $\alpha = \alpha_1|\alpha_2$, $\alpha = \alpha_1\alpha_2$ und $\alpha = \alpha_1^*$. Dazu demonstrieren wir das allgemeine Verfahren jeweils parallel an einem Beispiel.

3.8 Reguläre Ausdrücke

Alternative: $\alpha = \alpha_1 \,|\, \alpha_2$ (Vereinigung von zwei nichtdeterministischen endlichen Automaten)

allgemein:

Gegeben seien die regulären Ausdrücke α_1 und α_2, sowie

$M_1 = (Z_1, V, \delta_1, q_{M_1}, F_1)$
  mit $T(M_1) = L(\alpha_1)$ und

$M_2 = (Z_2, V, \delta_2, q_{M_2}, F_2)$
  mit $T(M_2) = L(\alpha_2)$,

wobei o.B.d.A.[2] $Z_1 \cap Z_2 = \emptyset$ gelte.

Definiere $M := (Z, V, \delta, q_M, F)$ durch

$Z := Z_1 \cup Z_2 \cup \{q_M\}, \quad q_M \notin Z_1 \cup Z_2,$

$\delta := \delta_1 \cup \delta_2$
  $\cup \{(q_M, a, q) \mid (q_{M_1}, a, q) \in \delta_1\}$
  $\cup \{(q_M, a, q) \mid (q_{M_2}, a, q) \in \delta_2\},$

$F := \begin{cases} F_1 \cup F_2 \cup \{q_M\}, \\ \quad \text{falls } q_{M_1} \in F_1 \text{ oder } q_{M_2} \in F_2, \\ F_1 \cup F_2, \text{ sonst.} \end{cases}$

Beispiel:

$\alpha_1 = (0|1)^*0$

M_1 Start → A (0,1 loop) →0→ B

$\alpha_2 = (11)^*$

M_2 Start → C ⇄1⇄ D

$\alpha = (0|1)^*0 \,|\, (11)^*$

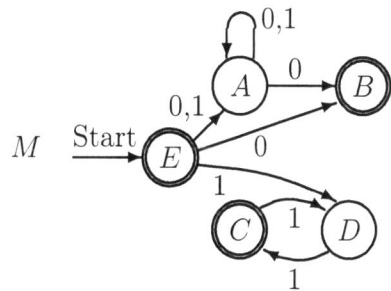

---

[2] o.B.d.A. bedeutet *ohne Beschränkung der Allgemeinheit*.

Sequenz: $\alpha = \alpha_1\alpha_2$ (Konkatenation von zwei nichtdeterministischen endlichen Automaten)

allgemein:

Gegeben seien die regulären Ausdrücke α_1 und α_2, sowie
$M_1 = (Z_1, V, \delta_1, q_{M_1}, F_1)$
    mit $T(M_1) = L(\alpha_1)$ und
$M_2 = (Z_2, V, \delta_2, q_{M_2}, F_2)$
    mit $T(M_2) = L(\alpha_2)$,
wobei o.B.d.A. $Z_1 \cap Z_2 = \emptyset$ gelte.

Definiere $M := (Z, V, \delta, q_M, F)$ durch

$Z := Z_1 \cup Z_2$,
$q_M := q_{M_1}$,

– Fall1 $q_{M_1} \notin F_1$:

$\delta := \delta_1 \cup \delta_2$
$\quad \cup \{(p, a, q_{M_2}) \mid (p, a, q) \in \delta_1, q \in F_1\}$,
$F := F_2$.

– Fall2 $q_{M_1} \in F_1, q_{M_2} \notin F_2$:

Erweitere δ aus Fall1 um
$\{(q_{M_1}, a, q) \mid (q_{M_2}, a, q) \in \delta_2\}$,
$F := F_2$.

– Fall3 $q_{M_1} \in F_1, q_{M_2} \in F_2$:

Wähle δ wie in Fall2 und setze
$F := F_2 \cup \{q_{M_1}\}$.

Beispiel:

$\alpha_1 = 1^*0(0|1)^*$

M_1

$\alpha_2 = (11)^*$

M_2

$\alpha = 1^*0(0|1)^*(11)^*$

M
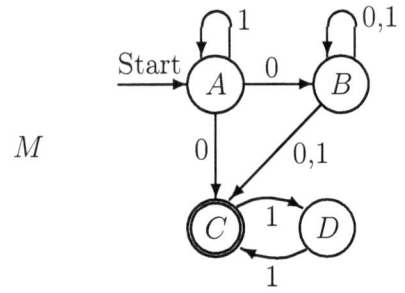

3.8 Reguläre Ausdrücke

Wiederholung: $\alpha = \alpha_1{}^*$ (Verkettungshülle eines nichtdeterministischen endlichen Automaten)

allgemein:	**Beispiel:**

allgemein:

Gegeben seien der reguläre Ausdruck α_1 sowie $M_1 = (Z_1, V, \delta_1, q_{M_1}, F_1)$
   mit $T(M_1) = L(\alpha_1)$.

Definiere $M := (Z, V, \delta, q_M, F)$ durch

– Fall1 $q_{M_1} \in F_1$:

$Z := Z_1$,
$q_M := q_{M_1}$,
$\delta := \delta_1$
   $\cup \, \{(p, a, q_M) \mid (p, a, q) \in \delta_1, q \in F_1\}$,
$F := F_1$.

– Fall2 $q_{M_1} \notin F_1$:

Wähle einen neuen Anfangszustand
$q_M \notin Z_1$,
$Z := Z_1 \cup \{q_M\}$,
$\delta := \delta_1$
   $\cup \, \{(p, a, q_M) \mid (p, a, q) \in \delta_1, \ q \in F_1\}$
   $\cup \, \{(q_M, a, q) \mid (q_{M_1}, a, q) \in \delta_1\}$
   $\cup \, \{(q_M, a, q_M)$
        $\mid (q_{M_1}, a, q) \in \delta_1, \ q \in F_1\}$,
$F := F_1 \cup \{q_M\}$.

Beispiel:

$\alpha_1 = 0(00)^*(\varepsilon \mid 1)$

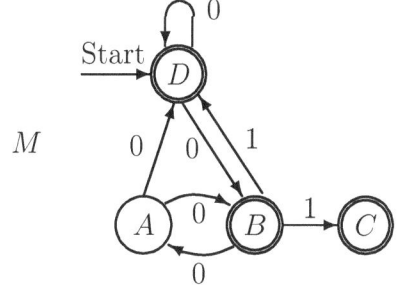

$\alpha = (0(00)^*(\varepsilon \mid 1))^*$

□

Satz:

Zu jeder regulären Sprache gibt es einen regulären Ausdruck, der diese Sprache darstellt.

Beweis:

Den Beweis dieses Satzes wollen wir nur kurz skizzieren, ein detaillierter Beweis kann z. B. in [Schöning, 2008] oder [Hopcroft und Ullman, 2000] nachgelesen werden.

Die endlichen Sprachen $L = \emptyset$, $L = \{\varepsilon\}$ und $L = \{a\}$, $a \in V$, über dem Aplphabet V sind wie wir oben schon gesehen haben regulär und können durch die regulären Ausdrücke $\alpha = \emptyset$, $\alpha = \varepsilon$ und $\alpha = a$ dargestellt werden.

Die Operatoren für reguläre Ausdrücke werden mit Hilfe von Operationen auf Mengen definiert. Die Alternativenbildung basiert auf der Vereinigung, die Konkatenation auf dem Mengenprodukt, und der einstellige Operator Verkettungshülle entspricht dem *Kleene-Abschluss*, der definiert ist als die Vereinigung aller n-fachen Produkte ($n \in I\!N$) der Ausgangsmenge gemäß der Formel

$$L^* = \{\varepsilon\} \cup L \cup L^2 \cup L^3 \cup ... = \{x_1...x_n \mid x_i \in L \ (i = 1, ..., n), \ n \in I\!N\}.$$

Man kann nun zeigen, dass die Anwendung dieser Mengenoperationen auf reguläre Sprachen jeweils wieder eine reguläre Sprache ergibt, und dass man mit diesen Mengenoperationen alle regulären Sprachen erhält.

Wenn man also mit den elementaren Sprachen $\emptyset$, $\{\varepsilon\}$ und $\{a\}$, $a \in V$, beginnt und mit den genannten Mengenoperationen neue reguläre Sprachen erzeugt, so hat dieser Bildungsprozess eine genaue Entsprechung auf der Menge der regulären Ausdrücke, so dass für jede so gebildete reguläre Sprache ein entsprechender regulärer Ausdruck entsteht, der genau diese Sprache beschreibt.
□

Mit dem Verfahren des ersten Satzes dieses Abschnitts kann aus einem beliebigen regulären Ausdruck ein nichtdeterministischer endlicher Automat konstruiert werden. Kombiniert man dieses Verfahren mit dem früher behandelten Algorithmus, der aus einem nichtdeterministischen endlichen Automaten einen deterministischen endlichen Automaten erzeugt, so resultiert daraus die grundlegende Technik für in der Praxis wichtige Verfahren wie Scanner-Generatoren oder Pattern-Matching-Algorithmen. In den restlichen Abschnitten dieses Kapitels werden diese Anwendungen näher vorgestellt.

3.9 Scanner und Scanner-Generatoren

Der Scanner ist der Teil eines Compilers, der die einzelnen Zeichen, die mit der Tastatur eingegeben worden sind, zu Token (das sind Eingabesymbole) wie Schlüsselwörter, Bezeichner, Literale, Operatoren oder Begrenzer zusammenfasst. Ist dies nicht möglich, so ist die Eingabe kein syntaktisch korrektes Programm.

Jede Klasse von Token einer Programmiersprache kann als reguläre Sprache aufgefasst werden, wie wir am Beispiel von Bezeichnern im Abschnitt 2.2 gezeigt haben. Entsprechend kann für jede Tokenklasse ein endlicher Automat angegeben werden, der genau die Token dieser Klasse erkennt.

Endliche Automaten können leicht als Computerprogramm realisiert werden: Der augenblickliche Zustand ist in einer Variablen gespeichert. In einer Schleife wird pro Durchgang jeweils das nächste Zeichen der Eingabefolge gelesen und mit Hilfe von Fallunterscheidungen abhängig vom augenblicklichen Zustand und dem gelesenen Zeichen der Zustand neu gesetzt.

Wenn alle Token eindeutig voneinander getrennt wären, etwa durch die so genannten *Whitespaces* der Programmiersprache C (das sind Leerzeichen, Tabulatoren, Zeilenvorschübe und Kommentare), so könnte jedes Token nacheinander von jedem dieser endlichen Automaten überprüft werden, bis es als Element einer Tokenklasse identifiziert ist. Falls das Token von keinem der endlichen Automaten akzeptiert wird, so kann eine Fehlerbehandlung durchgeführt werden.

In Programmiersprachen ist oft das direkte Aneinanderfügen von Token erlaubt, wie etwa in dem C-Ausdruck

$$\mathtt{id2+1}$$

der aus den drei Token `id2` (Bezeichner), `+` (Operator) und `1` (Literal) besteht.

Scanner sind üblicherweise so realisiert, dass sie möglichst lange Zeichenketten zu Token zusammenfassen. Deshalb wird bei diesem Beispiel nicht versucht, schon den Anfangsteil `id` als Bezeichner zu identifizieren, sondern es wird die `2` noch dazu genommen. Dagegen wird der Rest `+1` nicht als eine mit dem positiven Vorzeichen versehene Zahl erkannt (Zahlen sind spezielle Literale), sondern wie beabsichtigt als Operator gefolgt von einer Zahl, denn sonst hätte man einen Bezeichner gefolgt von einer Zahl erkannt, was in dieser Reihenfolge nur möglich ist, wenn die beiden Token durch einen Whitespace getrennt sind.

Aufgrund dieser Problematik genügt es nicht, einen Scanner als lineare Abfolge einzelner zu den Tokenklassen gehörenden endlichen Automaten zu implementieren, sondern zusammenhängende Folgen von Token müssen durch zusätzliche Mechanismen in geeignete Portionen von maximalen als Token identifizierbare Zeichenketten zerlegt und erkannt werden.

Für eine ausführlichere Darstellung der theoretischen Eigenschaften von Scannern verweisen wir auf [Wegener, 1999]. Die praktische Entwicklung von Scannern wird in [Sethi et al., 2008] dargestellt.

Da Scanner im Wesentlichen aus endlichen Automaten für die Tokenklassen bestehen, kann das Programmieren eines Scanners automatisch mit Hilfe so genannter *Scanner-Generatoren* erfolgen. Ist nämlich eine Tokenklasse mit Hilfe eines regulären Ausdrucks gegeben, so kann, wie wir gesehen haben, zunächst ein nichtdeterministischer und daraus ein deterministischer endlicher Automat mit Hilfe eines automatisierten Verfahrens konstruiert werden. Scanner-Generatoren erhalten reguläre Ausdrücke für die Tokenklassen als Eingabe und liefern fertige Scanner als Ausgabe zurück.

Ein typischer Scanner-Generator ist das Werkzeug LEX, das in der UNIX-Welt für viele Zwecke Verwendung gefunden hat. Man kann Werkzeuge wie LEX als Compiler auffassen, die eine Sprachbeschreibung in einen lauffähigen Scanner übersetzen (vgl. z. B. [Sethi et al., 2008]).

Zur Spezifikation von regulären Sprachen werden in LEX noch weitere Abkürzungen und Konventionen für reguläre Ausdrücke verwendet, die wir teilweise im übernächsten Abschnitt vorstellen werden. Wir werden dort zeigen, wie die Eingabesymbolklasse der Zahlen (in C wäre dies eine Teilmenge der Literale) in LEX mit Hilfe eines regulären Ausdrucks spezifiziert werden kann.

3.10 Suche nach regulären Sprachen

Wir haben schon in Abschnitt 3.6 gezeigt, wie man mit nichtdeterministischen endlichen Automaten die Suche nach endlich vielen explizit gegebenen Textteilen realisieren kann (String Search).

3.10 Suche nach regulären Sprachen

In UNIX-Editoren wie VI oder EMACS ist es möglich, in einer Datei nach einem Textteil zu suchen, der Element einer Menge von Textteilen ist, die durch einen regulären Ausdruck beschrieben wird. Es können also alle Wörter einer implizit spezifizierten, eventuell unendlichen regulären Sprache gesucht werden. Algorithmen, die diese Aufgabe erledigen, werden auch *Mustererkenner* oder *Pattern Matching-Algorithmen* genannt.

Im Prinzip sind wir mit den bisher behandelten Techniken in der Lage, einen solchen Algorithmus zu entwickeln:

> *Konstruiere zu einem gegebenen regulären Ausdruck einen nichtdeterministischen endlichen Automaten, der vor den gesuchten Wörtern noch beliebige Anfangsteile akzeptiert (siehe Abschnitt 3.8.1). Stelle dazu einen entsprechenden deterministischen endlichen Automaten her (siehe Abschnitt 3.6) und lese damit den Text solange, bis ein Endzustand erreicht wird. Damit hat man ein Wort der gesuchten Sprache gefunden. Will man ein weiteres Wort der Sprache finden, lasse den Automaten solange weiterlesen, bis er wieder in einen Endzustand gelangt, usw.*

Diese Funktion eines Editors ist so mächtig, dass sie vom überwiegenden Teil der Benutzer gar nicht benötigt wird, oder aus mangelnder Kenntnis nicht verwendet wird. Die folgenden regulären Ausdrücke sollen Anregungen geben, wie die Suche nach regulären Sprachen sinnvoll eingesetzt werden kann.

Einige Beispiele:

regulärer Ausdruck	zugehörige Sprache
(D|d)(er|ie|as)	groß oder klein geschriebene Artikel
M(e|a)(i|y)(e|ε)r	{Meier, Meir, Meyer, Meyr, Maier, Mair, Mayer, Mayr}
C(A(D|M|E)|IM)	{CAD, CAM, CAE, CIM}
10*€	{1€, 10€, 100€, 1000€, ...}
20(0(5|6|7|8|9)|1(0|1|2))	Jahresangaben der Menge {2005,..., 2012}

Ein Beispiel aus der LISP-Programmierung

LISP basiert auf der Datenstruktur der Liste, für die es zwei Zugriffsoperatoren gibt, nämlich `car`, mit dem man auf das erste Element der Liste zugreifen kann, sowie `cdr` (gesprochen: „kudder"), der den Rest der Liste liefert. Die Bezeichnungen *car* (contents of address register) und *cdr* (contents of decrement register) stammen von der ursprünglichen LISP-Implementierung auf IBM-Rechnern in den sechziger Jahren.

Um einzelne Elemente einer Liste herauszugreifen, müssen die beiden Operatoren geeignet geschachtelt werden. Ist z. B. die Liste L = (7,2,5,3,4) gegeben, so wird durch den Ausdruck `car(cdr(cdr(L)))` die Zahl 5 geliefert.

Da die Elemente einer Liste wiederum Listen sein können, können die Operatoren `car` und `cdr` in jeder Reihenfolge vorkommen.

Um eine kompaktere Darstellung dieser häufig verwendeten Ausdrücke zu erreichen, hat man eine abgekürzte Form der verschachtelten Ausdrücke eingeführt, in der das c nur einmal am Anfang und das r nur einmal am Ende steht. Dazwischen ist eine nichtleere Folge der Buchstaben a und d eingefügt, die die Verschachtelungsstruktur darstellt. Der Ausdruck von oben lautet in dieser Notation `caddr`.

Um nun alle solche verschachtelten `car`-`cdr`-Konstrukte in einem LISP-Programm herauszufinden, kann man mit Hilfe des Editors den folgenden regulären Ausdruck suchen:

$$c(a|d)(a|d)^*r$$

3.11 Abkürzungen für reguläre Ausdrücke

Im LISP-Beispiel des letzten Abschnitts war es relativ umständlich auszudrücken, dass mindestens eines der Zeichen a oder d zwischen c und r stehen muss. Es gibt noch weitere Situationen, wo eine Erweiterung der Grundoperationen für reguläre Ausdrücke um zusätzliche Ausdrucksmöglichkeiten wünschenswert ist.

Wir wollen einige häufig verwendete Abkürzungen vorstellen, die aber die Menge der darstellbaren Sprachen nicht vergrößern, sondern lediglich der Bequemlichkeit dienen.

3.11 Abkürzungen für reguläre Ausdrücke

Definition: (Abkürzungen für reguläre Ausdrücke)
Seien V ein Alphabet und α ein regulärer Ausdruck über V. In α selbst dürfen die im Folgenden vorgestellten Abkürzungen enthalten sein. $L(\alpha)$ bezeichne die Sprache, die durch α dargestellt wird.

α^+ bezeichnet die Sprache
$L(\alpha)^+ = \{x_1...x_n \mid x_i \in L(\alpha)\ (i = 1,...,n),\ n \in \mathbb{N}, n \geq 1\}$
(*ein- oder mehrmaliges Auftreten von* α).

$\alpha?$ bezeichnet die Sprache $L(\alpha) \cup \{\varepsilon\}$
(*Optionalität: null- oder einmaliges Auftreten von* α).

$[\mathit{Liste}\,]$ *Liste* hat die Form $a_1 a_2 ... a_n$ oder $b - c$,
wobei $a_1, ..., a_n, b, c \in V$, und $b < c$ bezüglich einer auf V definierten linearen Ordnung.
Der Ausdruck bezeichnet die Sprache
$\{a_1, a_2, ..., a_n\}$ bzw. $\{a \mid a \in V,\ b \leq a \leq c\}$
(*Auflistung einzelner Zeichen* oder *Bereichsangabe*).

.   Der Punkt steht für ein beliebiges Zeichen aus V,
er bezeichnet die Sprache $\{a \mid a \in V\}$.

Beispiele:

c(a|d)$^+$r   bezeichnet dieselbe Sprache wie c(a|d)(a|d)*r.

c[ad]$^+$r   ist äquivalent zu c(a|d)$^+$r.

(+|−)?[0-9]$^+$ bezeichnet die Sprache, die aus allen ganzen Zahlen (eventuell mit führenden Nullen) mit oder ohne Vorzeichen besteht.

[0-9A-F]$^+$ bezeichnet die Sprache, die aus allen Hexadezimalzahlen (eventuell mit führenden Nullen) besteht.

[0-9].* bezeichnet die Sprache, die aus allen Wörtern besteht, die mit einer Ziffer beginnen.

Für den praktischen Einsatz müssen für reguläre Ausdrücke weitere Konventionen vereinbart werden, um einerseits die Eingabe auf der Tastatur zu ermöglichen, und andererseits gewisse Mehrdeutigkeiten auszuschließen. Bei dem Scanner-Generator LEX gelten z. B. die folgenden Regeln:

- Die Zeichen * und + werden nicht hochgesetzt.
- Ein Backslash \ wird vor solche Zeichen des Alphabets gesetzt, die auch als Konstrukte der Sprache für die regulären Ausdrücke verwendet werden. Ein typisches Beispiel stellt \. dar: hierbei bedeutet der Punkt nicht ein beliebiges Zeichen, sondern den Punkt selbst (siehe auch nachfolgendes Beispiel).

Der folgende Ausdruck stellt eine LEX-Spezifikation für Zahlen dar:

$$[0-9]+(\backslash.[0-9]+)?(E[+-]?[0-9]+)?$$

Der Backslash vor dem Punkt wird benötigt, da der Punkt auch als Platzhalter für ein beliebiges Zeichen verwendet werden kann, hier aber den Dezimalpunkt einer Zahl bedeutet. Dagegen werden die Zeichen + und - jeweils in zweifacher Bedeutung verwendet. Eigentlich müssten sie in der eckigen Klammer hinter E mit Backslashes versehen werden, um sie als Plus- bzw. Minus-Operatorzeichen zu erkennen, doch kann LEX in diesem Fall aus der Umgebung erschließen, wie sie interpretiert werden müssen.

3.12 Wildcards

Eine spezielle Ausprägung eines Teils der regulären Ausdrücke spielt auch in den Kommandosprachen von Betriebssystemen eine wichtige Rolle. Jeder kennt z. B. den gefährlichen Befehl `del *.*` in DOS oder den Befehl `ls *.txt` in UNIX. Der Stern in den Dateibezeichnern wird *Wildcard, Jokerzeichen, Platzhalter* oder *Stellvertreterzeichen* genannt. Weitere typische Anwendungen sind die Formulierung von Suchbegriffen in Suchmaschinen des WWW (World Wide Web) oder die Suche nach Daten in der Datenbanksprache SQL.

Wir wollen genauer untersuchen, welche Wildcards in Dateibezeichnern der Betriebssysteme DOS und UNIX verwendet werden können und welcher Zusammenhang zwischen Wildcards und regulären Sprachen besteht.

Wildcards in DOS

Die Verwendung von Wildcards in älteren DOS-Versionen war restriktiver als in aktuellen Versionen, etwa den in Windows95/98 integrierten DOS-Umgebungen. Die folgende Definition wurde aus dem Handbuch für DOS 4.0 der IBM entnommen, wobei dort die Bezeichnung *globale Dateinamenzeichen* verwendet wird:

1. Ein Fragezeichen „?" in einem Dateinamen oder einer Dateierweiterung gibt an, dass an dieser Stelle ein beliebiges Zeichen stehen kann.
2. Ein Stern „*" in einem Dateinamen oder einer Dateierweiterung gibt an, dass beliebige Zeichen diese und alle übrigen Positionen des Dateinamens oder der Erweiterung belegen können.

Zu ergänzen ist, dass anstelle von ? auf jeden Fall ein Zeichen stehen muss, und dass * auch einen leeren Rest miteinschließt.

Bemerkung: Man beachte die unterschiedliche Verwendung dieser Zeichen im Vergleich zu regulären Ausdrücken: Dort entspricht dem Fragezeichen der Punkt, und dem Stern der reguläre Ausdruck .*.

Beispiele:

`del ab?d.doc`   Löscht alle doc-Dateien, deren Dateiname mit `ab` beginnt, an dritter Stelle ein beliebiges Zeichen hat und mit `d` endet.

`del *.doc`   Löscht alle doc-Dateien.

`dir ab*.t*`   Listet alle Dateien auf, deren Dateiname mit `ab` beginnt, und deren Erweiterung mit `t` beginnt.

`dir ab?*.*`   Listet alle Dateien auf, deren Dateiname mit `ab` beginnt, worauf ein beliebiger nichtleerer Rest folgt. Die Erweiterung ist beliebig.

Gemäß der aus dem DOS-Handbuch zitierten Beschreibung darf der Stern nur am Ende des Dateinamens oder der Erweiterung stehen. Deshalb war in älteren Versionen von DOS der Ausdruck `dir *a.doc` nicht zulässig. Genauer gesagt führte dieser Ausdruck zu einem nicht beabsichtigten Ergebnis, denn das Zeichen a wurde einfach ignoriert und der Ausdruck wurde wie der Ausdruck `*.doc` behandelt.

Wildcards in UNIX

In UNIX gibt es die folgenden Verwendungsmöglichkeiten für Wildcards (siehe z. B. HP-UX, Handbuch):

`?`	Ein Fragezeichen „?" in einem Dateinamen gibt an, dass an dieser Stelle ein beliebiges Zeichen stehen kann.
`*`	Ein Stern „*" in einem Dateinamen steht stellvertretend für eine eventuell leere Folge von beliebigen Zeichen. Nach * dürfen weitere Zeichen, inklusive Wildcards, stehen.
`[Liste]`	An dieser Position eines Dateinamens steht genau ein Zeichen der Liste. Liste hat die Form $a_1 a_2 ... a_n$ oder a_k-a_l.
`[^Liste]`	An dieser Position eines Dateinamens steht genau ein Zeichen, das nicht in der Liste enthalten ist.

Beispiele:

`*a.*`	Alle Dateien, in deren Name a. vorkommt.
`*`	Alle Dateien.
`[abc]*`	Alle Dateien, deren Name mit a, b oder c beginnt.
`[^ab]*`	Alle Dateien, deren Name nicht mit a oder b beginnt.
`[0-9][0-9]`	Alle Dateien, deren Name aus zwei Ziffern besteht.

Verarbeitung von Wildcards durch den Kommandointerpreter

Ein Kommandointerpreter ermittelt bei der Verwendung von Wildcards in Dateibezeichnern die Menge der zugehörigen Dateien, d. h. er muss die Sprache, die aus der Menge der passenden Dateibezeichner besteht, erkennen.

Offensichtlich bilden Ausdrücke für Dateibezeichner unter Verwendung von Wildcards sowohl in DOS als auch in UNIX eine Untermenge der regulären Ausdrücke. Denn das Fragezeichen kann durch eine Alternative aller zulässigen Zeichen, und der Stern als der Kleene-Abschluss dieser Alternative, oder, falls höchstens n Zeichen zugelassen werden, als Folge von n Konkatenationen der Alternative aller zulässigen Zeichen plus ε dargestellt werden.

Den Erkennungsprozess, den ein Kommando-Interpreter durchführen muss, kann man folglich mit Hilfe von endlichen Automaten implementieren, also im Prinzip dadurch, dass man zu dem Ausdruck, der die Wildcards enthält, über den Umweg eines nichtdeterministischen endlichen Automaten einen deterministischen Automaten konstruiert. Damit werden alle Dateibezeichner gelesen, und die erkannten, zur gewünschten Sprache gehörenden Dateibezeichner werden dann weiterverarbeitet, um sie z. B. als Liste auszugeben.

Werden Wildcards nur am Ende des Dateinamens oder der Erweiterung zugelassen wie in älteren DOS-Versionen, so kann für die zugehörige Menge von Dateibezeichnern direkt ein deterministischer endlicher Automat konstruiert werden, der diese Sprache akzeptiert.

Kann der Stern dagegen, wie in UNIX schon immer erlaubt, an einer beliebigen Stelle im Dateibezeichner stehen, so ist es nicht möglich, in einfacher Weise direkt einen deterministischen endlichen Automaten für die gesuchte Sprache zu erzeugen. Man muss zunächst einen nichtdeterministischen endlichen Automaten herstellen, was relativ einfach ist, und daraus mit Hilfe des bekanntlich aufwändigen allgemeinen Verfahrens einen deterministischen endlichen Automaten konstruieren.

In UNIX hat man normalerweise mehr Rechenleistung zur Verfügung, und man hat von Anfang an den Aufwand nicht gescheut, ein ausreichend effizientes Verfahren für die Erkennung von Wildcard-Ausdrücken, die den Stern an beliebiger Stelle zulassen, zu implementieren. In DOS hat man sich früher mit der eingeschränkten Verwendung des Sterns begnügt, um schnell einen deterministischen endlichen Automaten zu erhalten.

Wir wollen diese Problematik an zwei Beispielen demonstrieren. Dazu werden wir aus dem Wildcard-Ausdruck a*.txt direkt einen deterministischen endlichen Automaten ableiten, und aus dem Ausdruck *a.txt einen nichtdeterministischen endlichen Automaten. Für den zweiten Ausdruck wäre es relativ aufwändig, in direkter Weise einen deterministischen endlichen Automaten zu erzeugen. Das zugrunde gelegte Alphabet bestehe aus allen in Dateibezeichnern zulässigen Zeichen. Im Dateinamen soll der Punkt nicht erlaubt sein.

Ein deterministischer endlicher Automat für a*.txt:

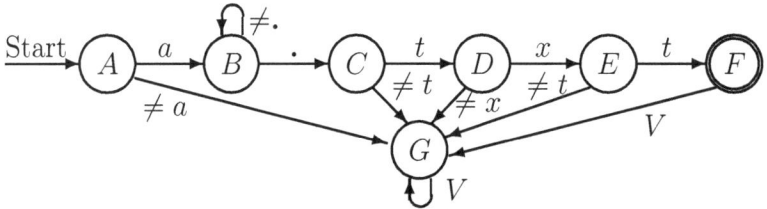

Dieser Automat würde alle Dateinamen akzeptieren, die mit a beginnen und eine beliebige Länge aufweisen. Dies ist aber unproblematisch, denn in DOS haben alle Dateinamen eine beschränkte Anzahl von Zeichen, was an anderer Stelle abgeprüft wird.

Ein nichtdeterministischer endlicher Automat für *a.txt:

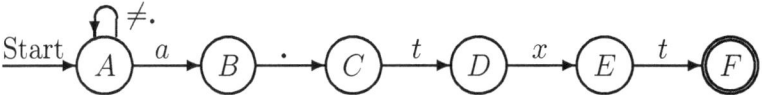

Beim zweiten Beispiel müssen sowohl a.txt als auch aa.txt erkannt werden. Dies ist nicht direkt deterministisch darstellbar, sondern es müsste eine geeignete Fallunterscheidung erfolgen, was einen entsprechenden Aufwand erfordert (vgl. Aufgabe 12).

Grenzen von Wildcards

Wir wollen zwei wesentliche Konstruktionsmerkmale herausstellen, die zeigen, dass der Formalismus der regulären Ausdrücke weit mächtiger ist als die Wildcard-Ausdrücke selbst in UNIX.

- In Wildcard-Ausdrücken ist der Stern ein Spezialfall des Kleene-Stars, angewendet auf die Alternative aller Zeichen. In regulären Ausdrücken kann der Kleene-Star auf beliebige reguläre Ausdrücke angewendet werden. Z. B. ist eine Wildcard-Verwendung der Form (abc)*.txt nicht möglich und die entsprechende reguläre Sprache ist unter Verwendung von Wildcards nicht darstellbar.

- Verschachtelungen von Operatoren wie bei dem regulären Ausdruck a(b|cd).txt sind in Wildcard-Ausdrücken nicht möglich.

Übungen

1. Geben Sie zu den folgenden regulären Sprachen über dem Alphabet $\{0, 1\}$ jeweils eine reguläre Grammatik an, die die Sprache erzeugt.

   a) $\{w \mid$ beginnt mit einer ungeraden Anzahl Nullen, anschließend folgt eine gerade Anzahl Einsen (0 ist eine gerade Zahl)$\}$

   b) $\{w \mid w$ enthält mindestens zwei Nullen und höchstens eine Eins$\}$

   c) $\{w \mid w$ enthält nicht das Teilwort 110$\}$

2. Gegeben sei der folgende endliche Automat M:

   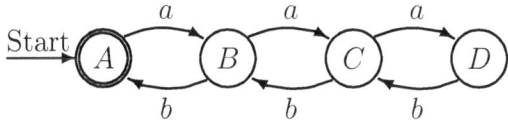

   a) Wird das Wort *aababababbbab* von M erkannt? Beschreiben Sie die Abfolge der einzelnen Abarbeitungsschritte.

   b) Beschreiben Sie $T(M)$ mit Hilfe eines regulären Ausdrucks. Verwenden Sie dazu nur die Operatoren Alternative, Konkatenation und Kleene-Star.

3. Gegeben sei das Alphabet $V = \{0, 1, ..., 9\}$. Die Sprache L bestehe aus den oktalen Konstanten, das sind endliche Ziffernfolgen, die mit einer 0 beginnen, auf die mindestens eine weitere Ziffer folgt, wobei nur die Ziffern 0,...,7 vorkommen (siehe Übungsaufgabe 3, Kap. 2).

   Geben Sie einen deterministischen endlichen Automaten M an, der die Sprache L erkennt und der für alle Wörter $w \in V^*$ mit $w \notin L$ in einen als Fehlerzustand gekennzeichneten Zustand gelangt.

4. Geben Sie einen nichtdeterministischen endlichen Automaten über dem Alphabet $V = \{a\}$ an, der die Sprache

   $$L = \{a^n \mid n \text{ ist durch 3 oder 5 teilbar}\}$$

   erkennt.

5. Geben Sie zu jeder Sprache der Aufgabe 1 einen nichtdeterministischen endlichen Automaten an, der die Sprache erkennt. Leiten Sie aus dem endlichen Automaten mit dem in Abschnitt 3.5 beschriebenen Verfahren eine reguläre Grammatik ab. Vergleichen Sie das Ergebnis mit der Lösung zu Aufgabe 1.

6. Die folgende Sprache ist regulär:

   $$L = \{(ab)^n a(ba)^n \mid n \geq 0\}.$$

   a) Geben Sie die Wörter für $n = 0, 1, 2, 3$ an.

   b) Geben Sie einen (nichtdeterministischen oder deterministischen) endlichen Automaten M mit $T(M) = L$ an.

   c) Beschreiben Sie L mit Hilfe eines regulären Ausdrucks. Es sind nur die drei Grundoperationen Konkatenation, Alternative und Kleene-Stern erlaubt.

7. Geben Sie einen nichtdeterministischen endlichen Automaten M an, der genau die in der Programmiersprache C zulässigen Gleitpunktkonstanten erkennt (zur Definition der Gleitpunktkonstanten in C siehe Übungsaufgabe 4, Kapitel 2).

8. Die Sprache L bestehe aus den Wörtern der Form $/*w*/$ mit $w \in \{a, b, ..., z\}^*$. Die Wörter von L sind typische Kommentare einer Programmiersprache, wobei wir der Einfachheit halber nur Kleinbuchstaben verwenden.

a) Geben Sie eine reguläre Grammatik G mit $L(G) = L$ an.

b) Geben Sie einen regulären Ausdruck für L an.

c) Geben Sie einen nichtdeterministischen endlichen Automaten M mit $T(M) = L$ an.

d) Überlegen Sie sich, warum in Programmiersprachen verschachtelte Kommentare normalerweise nicht zugelassen sind.

9. Gegeben sei der folgende nichtdeterministische endliche Automat M über dem Alphabet $\{a, b\}$:

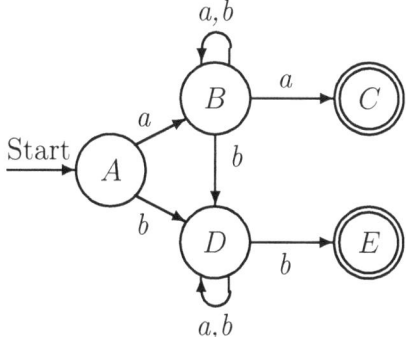

Konstruieren Sie aus M einen deterministischen endlichen Automaten M', der ebenfalls die Sprache $L = T(M)$ erkennt. Erzeugen Sie zunächst einen Zustandsbaum.

10. In einem gegebenen Text über dem Alphabet $V = \{a, b, c, ..., z\}$ sollen alle Vorkommen des Wortes *babbage* ermittelt werden. Geben Sie dazu einen deterministischen endlichen Automaten an, der diese Aufgabe dadurch erledigt, dass er alle Wörter über V erkennt, die mit dem gesuchten Wort enden.

Überlegen Sie sich zunächst einen nichtdeterministischen endlichen Automaten, und konstruieren Sie daraus mit Hilfe eines Zustandsbaums den deterministischen endlichen Automaten.

11. Geben Sie einen nichtdeterministischen endlichen Automaten an, der die durch den folgenden regulären Ausdruck repräsentierte Sprache über dem Alphabet $V = \{0, 1\}$ akzeptiert:

$$(0|01|001)^*(\varepsilon|0|00)$$

12. Geben Sie einen deterministischen endlichen Automaten an, der die durch den Wildcard-Ausdruck *a.txt repräsentierte Sprache erkennt.

13. Geben Sie einen regulären Ausdruck für Datumsangaben an, die nach dem folgenden Schema gebildet werden: TT.MM.JJJJ

    Als Jahreszahl sollen die Jahre 1900 bis 2100 erlaubt sein, Schaltjahre brauchen nicht beachtet zu werden. Hierbei können Sie die in Abschnitt 3.11 besprochenen Abkürzungsmöglichkeiten verwenden.

14. Geben Sie einen (nichtdeterministischen oder deterministischen) endlichen Automaten M über dem Alphabet $V = \{0, 1, 2, 3, 4, 5, 6, 7, 8, 9, :\}$ an, der die folgende Sprache L akzeptiert:

    $L = \{hh{:}mm \in V^* \mid hh{:}mm$ ist korrekte Uhrzeit zwischen 00:00 Uhr und 24:00 Uhr mit Stunde hh und Minute $mm\}$

    00:00 und 24:00 sollen beide zulässig sein, dagegen ist z. B. 24:10 keine korrekte Uhrzeit.

15. Geben Sie einen regulären Ausdruck an für Arrayzugriffe der Form a[i] in einer Programmiersprache. Dabei ist a ein Bezeichner, und der Index i soll eine natürliche Zahl ohne führende Nullen sein. Es können die in Abschnitt 3.11 besprochenen Abkürzungen verwendet werden.

16. Eine IP-Adresse gemäß des Internetprotokolls IPv4 in der Dezimalpunktschreibweise ist von der Gestalt $x.x.x.x$, wobei x eine der Zahlen 0,1,...,255 ist (0 ist erlaubt, ansonsten keine führenden Nullen).

    Geben Sie einen regulären Ausdruck an, der die Menge der zulässigen Zahlen x darstellt. Sie können die in Abschnitt 3.11 besprochenen Abkürzungsmöglichkeiten verwenden.

17. Zeigen Sie die Äquivalenz $r_1 \equiv r_2$ der beiden regulären Ausdrücke $r_1 = \alpha^* | \alpha^* \beta \beta^*$ und $r_2 = \alpha^* \beta^*$.

Kapitel 4

Kellerautomaten und kontextfreie Sprachen

Ein Hauptmerkmal kontextfreier Grammatiken ist, dass auf der linken Seite einer Produktionsregel immer eine einzelne Variable steht. Dadurch werden Ersetzungen während einer Ableitung immer unabhängig vom Kontext vorgenommen. Für die Beschreibung der Syntax von Programmen reicht diese Form von Grammatiken aus, bis auf einige kontextabhängige Restriktionen wie z. B. die Eigenschaft, dass die Anzahl der formalen Parameter in einem Funktionsaufruf mit der Anzahl der in der Funktionsdefinition vereinbarten Parameter übereinstimmen muss.

Der Teil eines Compilers, der ein eingegebenes Programm auf syntaktische Korrektheit überprüft, ist der *Parser*. Er bekommt vom Scanner eine Folge von Eingabesymbolen und muss feststellen, ob diese korrekt zu Konstrukten wie geschachtelte Klammerausdrücke oder Schleifenanweisungen usw. zusammengesetzt worden sind. Im Prinzip geschieht das dadurch, dass versucht wird, für die Eingabe einen so genannten Ableitungsbaum zu konstruieren. Gelingt dies, so ist das Programm syntaktisch korrekt, andernfalls muss eine geeignete Fehlerbehandlung erfolgen.

Ohne die Konstruktion des Ableitungsbaums stellt ein Parser einen Erkennungsalgorithmus dar. Das Automatenmodell für Erkennungsalgorithmen kontextfreier Sprachen sind die *nichtdeterministischen Kellerautomaten*. Im Gegensatz zu den endlichen Automaten ist das Konzept der nichtdeterministischen Kellerautomaten mächtiger als die deterministische Version, so dass nicht zu jeder kontextfreien Sprache ein deterministischer Kellerautomat existiert, der diese Sprache erkennt.

Man kann also nicht für jede kontextfreie Sprache einen Parser dadurch erhalten, dass man über den Zwischenschritt eines nichtdeterministischen Kellerautomaten einen deterministischen Kellerautomaten konstruiert, wie es bei der Entwicklung von Scannern auf der Basis endlicher Automaten möglich ist.

Um zu einer beliebigen kontextfreien Grammatik einen Parser zu entwickeln, bleibt einem im Prinzip nichts anderes übrig, als alle Alternativen eines nichtdeterministischen Kellerautomaten systematisch durchzuspielen. Jedoch sind solche Parser sehr ineffizient und für die Praxis nicht geeignet (siehe z. B. [Albert und Ottmann, 1983]). Eine andere Möglichkeit besteht darin, sich auf spezielle kontextfreie Grammatiken zu beschränken, die aber immer noch mächtig genug sind, um die wichtigsten syntaktischen Eigenschaften einer Programmiersprache zu beschreiben, und die man in einen effizienten deterministischen Kellerautomaten umwandeln kann (siehe auch die Bemerkung am Ende von Abschnitt 4.7).

Wir werden zunächst *Ableitungsbäume* für kontextfreie Grammatiken einführen und mit ihrer Hilfe die Problematik der *Mehrdeutigkeit* erörtern, die eine der Hauptursachen dafür ist, dass im allgemeinen Fall zu kontextfreien Grammatiken nur ineffiziente Parser entwickelt werden können. Anschließend wird das Konzept der *Kellerautomaten* vorgestellt und deren Verwendung als Parsingalgorithmen diskutiert. Wir werden dann zwei Normalformen für kontextfreie Grammatiken vorstellen, die *Chomsky-Normalform* sowie die *Greibach-Normalform*, die bei der Entwicklung von Parsern aber auch bei der Herleitung theoretischer Ergebnisse von Bedeutung sind. Es folgt der Beweis, dass die kontextsensitive Sprache $\{0^n 1^n 2^n \mid n \geq 1\}$ nicht kontextfrei ist, was insbesondere bedeutet, dass die Menge der kontextfreien Sprachen echt enthalten ist in der Menge der kontextsensitiven Sprachen. Schließlich geben wir einen kurzen Einblick in eine der wichtigsten aktuellen Anwendungen, den im Internet verbreiteten XML-Formalismus.

4.1 Ableitungsbäume

Mit Hilfe von Ableitungsbäumen kann man sich bildhaft klarmachen, wie ein Wort ausgehend vom Startsymbol abgeleitet wird. Da bei kontextfreien

Grammatiken bei jedem Ableitungsschritt immer genau eine Variable durch eine Symbolfolge ersetzt wird, kann man an diese Variable für jedes neue Symbol eine Verzweigung nach unten zeichnen. Auf diese Weise erhält man eine Baumstruktur mit dem Startsymbol als Wurzel und den terminalen Symbolen des abgeleiteten Wortes als Blätter. Wir wollen dies anhand eines Beispiels zeigen.

Beispiel:

Gegeben sei die kontextfreie Grammatik $G = (V_N, V_T, P, S)$ mit $V_N = \{S\}$, $V_T = \{*, +, (,), a\}$ und

$$P: \quad S \to S + S$$
$$S \to S * S$$
$$S \to (S)$$
$$S \to a$$

Die von G erzeugte Sprache besteht aus allen verschachtelten Klammerausdrücken, die mit den Operatoren $+$ und $*$ sowie dem Zeichen a, das stellvertretend für z. B. Zahlen oder Bezeichner steht, gebildet werden.

Eine Ableitung für das Wort $a + (a + a) * a$ sieht folgendermaßen aus:

$S \Rightarrow S + S \Rightarrow S + S * S \Rightarrow S + (S) * S \Rightarrow S + (S + S) * S$
$\Rightarrow a + (S + S) * S \Rightarrow a + (a + S) * S \Rightarrow a + (a + a) * S$
$\Rightarrow a + (a + a) * a$

Diese Ableitung wird durch den folgenden Ableitungsbaum dargestellt:

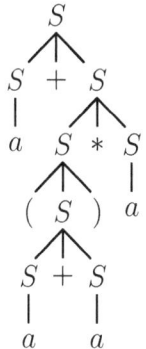

Definition: (Ableitungsbaum)

Sei $G = (V_N, V_T, P, S)$ eine kontextfreie Grammatik. Ein *Ableitungsbaum* (auch: *Parsebaum, Strukturbaum* oder *Syntaxbaum*) für G ist ein gerichteter, geordneter Baum mit Markierungen, wobei gilt:

1. Die Blätter sind mit terminalen Symbolen markiert.
2. Die inneren Knoten sind mit Variablen markiert.
3. Ist A die Markierung eines inneren Knotens und sind $X_1, ..., X_n$ die Markierungen der direkten Nachfolger, so ist $A \rightarrow X_1...X_n \in P$.

4.2 Das Problem der Mehrdeutigkeit

Bei der Überprüfung der syntaktischen Korrektheit eines Programmkonstrukts versucht der Parser nachzuweisen, dass die Eingabe in der zugehörigen kontextfreien Grammatik abgeleitet werden kann. Im Prinzip erfolgt dies durch die Konstruktion eines Ableitungsbaums für die Eingabe.

In einer kontextfreien Grammatik kann es für ein Wort der erzeugten Sprache im Allgemeinen mehrere verschiedene Ableitungsbäume geben wie etwa für das Wort $a + a * a$ in der Grammatik des letzten Beispiels:

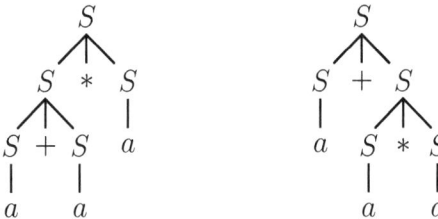

Natürlich sollte die Konstruktion eines Ableitungsbaums durch den Parser in eindeutiger Weise erfolgen können, was bei der Grammatik dieses Beispiels nicht möglich ist. Ein Parser, der auf dieser Grammatik basiert, kann offensichtlich nicht entscheiden, ob zuerst multipliziert und dann addiert werden

4.2 Das Problem der Mehrdeutigkeit

soll, oder umgekehrt, d.h. er kann die in Programmiersprachen normalerweise zugrundegelegte Regel „Punkt vor Strich" nicht realisieren. In Abschnitt 4.2.1 wird eine Grammatik für diese Sprache vorgestellt, die solche *Mehrdeutigkeiten* nicht zulässt.

Wir wollen das Problem der Mehrdeutigkeit etwas genauer untersuchen und einige grundsätzliche Zusammenhänge zwischen Ableitungen und Ableitungsbäumen aufzeigen.

Dazu zeigen wir zunächst anhand eines Beispiels, dass eine Ableitung durch verschiedene Ableitungsbäume repräsentiert werden kann.

Wir betrachten die Grammatik $G = (\{S\}, \{a, b\}, P, S)$ mit

$$P: \quad S \to SS$$
$$S \to a$$
$$S \to b$$

Die in G mögliche Ableitung

$$S \Rightarrow SS \Rightarrow SSS \Rightarrow aSS \Rightarrow abS \Rightarrow aba$$

wird durch die folgenden beiden Ableitungsbäume repräsentiert:

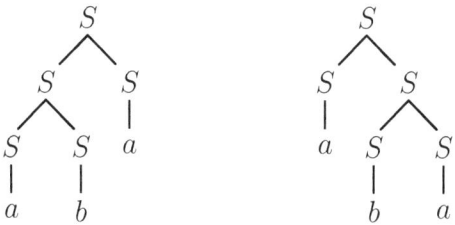

Offensichtlich kann aus der Ableitung nicht abgelesen werden, welches der beiden S auf der linken Seite des Ableitungsschritts $SS \Rightarrow SSS$ durch SS ersetzt worden ist. Um diese Problematik zu beheben, legt man sich auf eine Reihenfolge bei der Ersetzung der Variablen fest. Entweder man ersetzt immer die am weitesten links stehende Variable oder die am weitesten rechts stehende Variable. Dies wird in der folgenden Definition ausgedrückt.

> **Definition: (Linksableitung - Rechtsableitung)**
>
> Eine Ableitung in einer kontextfreien Grammatik heißt *Linksableitung*, falls immer die am weitesten links stehende Variable ersetzt wird. Wird immer die am weitesten rechts stehende Variable ersetzt, so spricht man von einer *Rechtsableitung*.

Es gilt nun: Jede Linksableitung wird durch genau einen Ableitungsbaum repräsentiert und jedem Ableitungsbaum entspricht in eindeutiger Weise eine Linksableitung. Genauso entsprechen sich Rechtsableitungen und Ableitungsbäume eineindeutig.

Die Ableitung des Beispiels kann als Linksableitung aufgefasst werden, sie wird in eindeutiger Weise durch den linken Ableitungsbaum repräsentiert.

Das Problem der Mehrdeutigkeit wird durch die Festlegung der Abarbeitungsreihenfolge zwar etwas genauer eingegrenzt, jedoch nicht behoben, wie das folgende Beispiel zeigt.

Beispiel:

In der Grammatik $G = (\{S\}, \{a,b\}, P, S)$ mit $P = \{S \rightarrow SS \mid a \mid b\}$ hat das Wort aba die zwei Linksableitungen

$$S \Rightarrow SS \Rightarrow SSS$$
$$\Rightarrow aSS \Rightarrow abS$$
$$\Rightarrow aba$$

und

$$S \Rightarrow SS \Rightarrow aS$$
$$\Rightarrow aSS \Rightarrow abS$$
$$\Rightarrow aba$$

mit dem Ableitungsbaum

mit dem Ableitungsbaum

 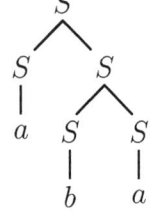

4.2 Das Problem der Mehrdeutigkeit

Definition: (Mehrdeutigkeit)

Eine kontextfreie Grammatik G heißt *mehrdeutig*, falls es ein Wort in $L(G)$ gibt, das mindestens zwei verschiedene Ableitungsbäume (bzw. Linksableitungen oder Rechtsableitungen) hat, andernfalls heißt G *eindeutig*.

Eine kontextfreie Sprache L heißt *inhärent mehrdeutig*, falls alle Grammatiken, die L erzeugen, mehrdeutig sind, andernfalls heißt L *eindeutig*.

Damit eine Sprache als eindeutig charakterisiert werden kann, genügt es also, eine eindeutige Grammatik für diese Sprache zu finden. Dass eine Sprache inhärent mehrdeutig ist, ist schwieriger zu zeigen, denn man muss sich einen Überblick über alle Grammatiken für diese Sprache verschaffen.

Beispiel 1:

Die Grammatik $G = (\{S\}, \{a, b\}, P, S)$ mit $P = \{S \rightarrow SS \mid a \mid b\}$ ist mehrdeutig, denn für das Wort aba gibt es zwei Ableitungsbäume (siehe oben). Die Grammatik $G' = (\{S\}, \{a, b\}, P', S)$ mit $P' = \{S \rightarrow aS \mid bS \mid a \mid b\}$ erzeugt dieselbe Sprache und ist eindeutig, denn alle Ableitungsbäume für G' haben die Form

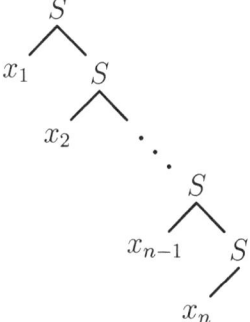

so dass es also für jedes Wort $x = x_1 x_2 ... x_n \in L(G')$ immer nur einen Ableitungsbaum geben kann. Folglich ist die Sprache $L = L(G) = L(G') = \{a, b\}^+$ eindeutig.

Beispiel 2:

Alle regulären Sprachen sind eindeutig, denn die Konstruktion einer regulären Grammatik aus einem deterministischen endlichen Automaten liefert immer eine eindeutige Grammatik, da sie das deterministische Abarbeiten der Eingabewörter durch entsprechende eindeutige Linksableitungen modelliert (siehe S. 65).

Beispiel 3:

Eine typische inhärent mehrdeutige Sprache ist

$$L = \{a^i b^j c^k \mid i,j,k \geq 1,\ i = j \text{ oder } j = k\},$$

die z. B. mit der Grammatik $G = (\{S, A, C, X, Y\}, \{a, b, c\}, P, S)$ mit

$P:\ S \to XC \mid AY$
$X \to aXb \mid ab$
$C \to cC \mid c$
$Y \to bYc \mid bc$
$A \to aA \mid a$

erzeugt werden kann.

Man kann zeigen, dass jede kontextfreie Grammatik, die diese Sprache erzeugt, mehrdeutig ist (siehe z. B. [Wegener, 1999]). In der Beispielgrammatik hat z. B. das Wort *aabbcc* die beiden Ableitungsbäume

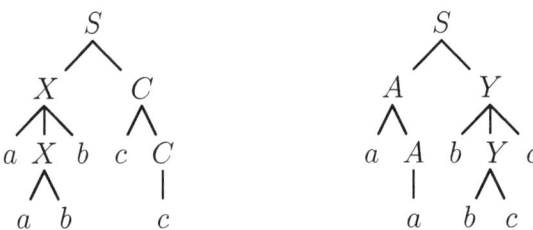

Die Argumentation beruht darauf, dass alle Wörter der Form $a^n b^n c^n$, bei denen sowohl $i = j$ als auch $j = k$ ist, immer mindestens zwei verschiedene Ableitungsbäume haben müssen.

4.2.1 Mehrdeutigkeiten in Programmiersprachen

Die Frage, ob eine gegebene kontextfreie Grammatik mehrdeutig ist, ist unentscheidbar (für einen Beweis siehe z. B. [Wegener, 1999]), so dass man jede Grammatik individuell auf Mehrdeutigkeiten untersuchen muss, um diese zu vermeiden. Wir wollen zwei typische Mehrdeutigkeitsprobleme im Zusammenhang mit Programmiersprachen vorstellen.

1. Arithmetische Ausdrücke

Wir haben im letzten Abschnitt gesehen, dass die kontextfreie Grammatik G mit $P = \{S \rightarrow S + S \mid S * S \mid (S) \mid a\}$, die eine eingeschränkte Form von arithmetischen Ausdrücken beschreibt, mehrdeutig ist, da es z. B. für den Ausdruck $a + a * a$ zwei verschiedene Ableitungsbäume in G gibt. Mit dieser Grammatik ist es nicht möglich, die „Punkt vor Strich"-Regelung auszudrücken.

Wir wollen eine kontextfreie Grammatik G' für dieselbe Sprache angeben, die eindeutig ist. Die Ableitungsbäume dieser Grammatik realisieren immer den Vorrang der Multiplikation gegenüber der Addition.

$G' = (\{Ausdruck, Term, Faktor\}, \{+, *, (,), a\}, P', Ausdruck)$

$$\begin{aligned}
\text{mit } P': \quad & Ausdruck \rightarrow Ausdruck + Term \\
& Ausdruck \rightarrow Term \\
& Term \rightarrow Term * Faktor \\
& Term \rightarrow Faktor \\
& Faktor \rightarrow (Ausdruck) \\
& Faktor \rightarrow a
\end{aligned}$$

Diese Grammatik beschreibt die Tatsache, dass ein arithmetischer Ausdruck grundsätzlich zwei Verknüpfungsebenen aufweist, die oberste für Strich-Operationen (Addition, Subtraktion) und die darunterliegende für Punkt-Operationen (Multiplikation, Division). Diese zwei Ebenen können sich in beliebiger Tiefe verschachteln, was dann durch Klammerungen dargestellt wird.

Die Subtraktion und die Division können integriert werden, indem die beiden Regeln $Ausdruck \rightarrow Ausdruck - Term$ und $Term \rightarrow Term / Faktor$ zur Regelmenge P' hinzugefügt werden.

In G' hat das Wort $a + a * a$ den folgenden eindeutigen Ableitungsbaum:

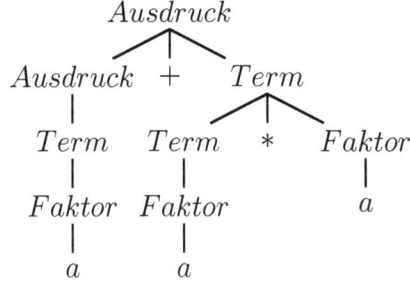

2. if-else-Mehrdeutigkeit

In den meisten Programmiersprachen gibt es if- bzw. if-else-Anweisungen, für die üblicherweise die folgenden Regeln gelten:

$$stmt \quad \rightarrow \quad \text{if } (expr) \; stmt$$
$$\mid \text{if } (expr) \; stmt \; \text{else } stmt$$
$$\mid other\_stmt$$

Dabei gelten folgende Abkürzungen: $stmt$ = Statement, engl. für Anweisung, $expr$ = Expression, engl. für Ausdruck. Die Variable $other\_stmt$ steht hier stellvertretend für andere Anweisungen wie Zuweisung, Block oder Schleife.

Das angegebene Grammatikfragment ist mehrdeutig, denn für den Ausdruck

$$\text{if } (expr) \; \text{if } (expr) \; stmt \; \text{else } stmt$$

lassen sich die folgenden beiden Ableitungsbäume angeben:

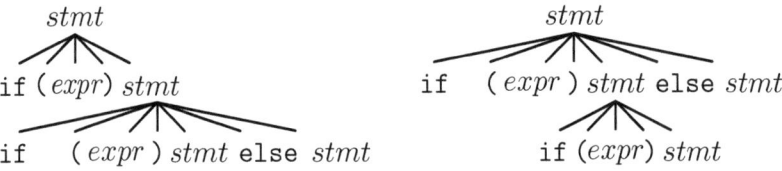

Diese Mehrdeutigkeit ist unter der Bezeichnung „dangling else" (loses else) bekannt. Üblicherweise wird das **else** an das am nächsten davor stehende noch freie if gebunden, das ist die Lesart, die durch den linken Ableitungsbaum repräsentiert wird.

Die Eigenschaft, dass ein else immer an das am nächsten davor stehende noch freie if gebunden wird, kann man dadurch erreichen, dass man zwischen einem if und einem else immer nur eine so genannte *geschlossene Anweisung* (engl. *matched statement*) zulässt, in der kein ungebundenes weiteres if vorkommt. Die folgende Grammatik fasst diese Bedingung in Regeln und wird dadurch eine eindeutige Grammatik (siehe z. B. [Sethi et al., 2008]).

$$
\begin{aligned}
stmt &\rightarrow matched\_stmt \mid unmatched\_stmt \\
matched\_stmt &\rightarrow \text{if } (expr) \; matched\_stmt \; \text{else } matched\_stmt \\
&\quad \mid other\_stmt \\
unmatched\_stmt &\rightarrow \text{if } (expr) \; stmt \\
&\quad \mid \text{if } (expr) \; matched\_stmt \; \text{else } unmatched\_stmt
\end{aligned}
$$

Mit diesen Regeln kann die Anweisung

    if (*expr*) if (*expr*) *other_stmt* else *other_stmt*

in eindeutiger Weise mit der durch den folgenden Ableitungsbaum dargestellten Linksableitung abgeleitet werden.

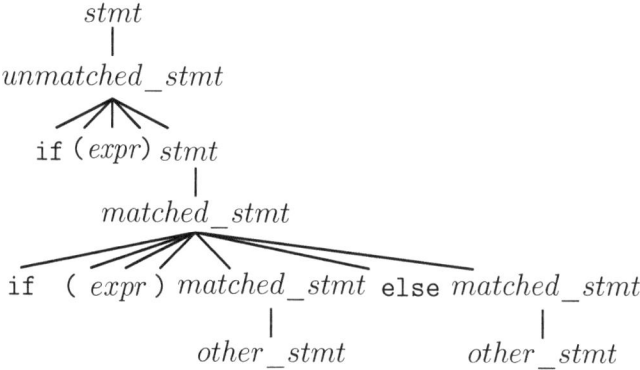

Es ist verständlich, dass in Lehrbüchern für Programmiersprachen üblicherweise die beiden Regeln der mehrdeutigen Grammatik angegeben sind, denn sie zeigen sehr einfach, welche beiden if-Anweisungen mit welcher Syntax zur Verfügung stehen. Dagegen ist die eindeutige Grammatik unanschaulich und wird deshalb nur bei der Entwicklung von Parsern verwendet.

4.3 Das Prinzip der Top-Down-Analyse

Für den Aufbau eines Ableitungsbaums durch den Parser gibt es verschiedene Strategien. Wir wollen als Beispiel eine Top-Down-Analyse durchführen, bei der der Baum mit der Wurzel beginnend von oben nach unten konstruiert wird. Die Eingabe wird von links nach rechts gelesen. Die verwendete Parsingstrategie heißt *Syntaxanalyse durch rekursiven Abstieg* und wird z. B. in [Sethi et al., 2008] ausführlich beschrieben. Es gibt zwar schnellere Parsingtechniken, aber für unsere Zwecke ist die hier behandelte besser geeignet, denn sie führt direkt auf das Prinzip des Kellerautomaten hin, das wir im übernächsten Abschnitt vorstellen werden.

Wir wollen den arithmetischen Ausdruck $a + a * a$ analysieren, der in der Sprache enthalten ist, die von der eindeutigen Grammatik aus Abschnitt 4.2.1 erzeugt wird. Leider haben die erste Regel *Ausdruck* $\rightarrow$ *Ausdruck* + *Term* und die dritte Regel *Term* $\rightarrow$ *Term* * *Faktor* dieser Grammatik eine Eigenschaft, die für die vorgesehene Parsingstrategie nicht geeignet ist, sie sind nämlich linksrekursiv.

> **Definition: (Linksrekursion, Rechtsrekursion)**
>
> Eine kontextfreie Grammatikregel heißt *linksrekursiv*, wenn die Variable der linken Seite als erstes Zeichen auf der rechten Seite vorkommt. Kommt die Variable der linken Seite als letztes Zeichen der rechten Seite vor, so heißt die Regel *rechtsrekursiv*.

Wir können das Problem dadurch lösen, dass wir die linksrekursiven Regeln durch entsprechende rechtsrekursive Regeln ersetzen. (In [Sethi et al., 2008] wird beschrieben, wie man durch einen generellen Algorithmus jede linksrekursive Regel ersetzen kann, ohne die von der Grammatik erzeugte Sprache zu verändern.)

Für eine kürzere Darstellung wollen wir für die Variablen *Ausdruck*, *Term* und *Faktor* die Abkürzungen A, T bzw. F verwenden.

Die folgende kontextfreie Grammatik ist eine eindeutige Grammatik ohne Linksrekursion für (eingeschränkte) arithmetische Ausdrücke.

$$\begin{aligned} A &\rightarrow T+A \mid T \\ T &\rightarrow F*T \mid F \\ F &\rightarrow (A) \mid a \end{aligned}$$

Der Parser soll also das Wort $a+a*a$ als Eingabe bekommen und dazu den folgenden Ableitungsbaum konstruieren:

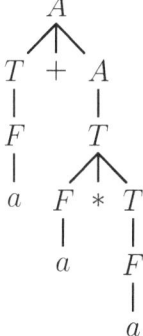

Wir wollen voraussetzen, dass der Parsingalgorithmus bei der Auswahl von Grammatikregeln, mit denen er den Ableitungsbaum aufbaut, immer diejenige Regel verwendet, die zum Erfolg führt. Dass dies in der Tat ein Problem darstellt, wollen wir später noch kurz diskutieren.

Beim Parsing wird das Eingabewort Zeichen für Zeichen von links nach rechts gelesen, wobei jedes Zeichen mit dem am weitesten links stehenden noch nicht bearbeiteten Blatt des bisherigen Ableitungsbaums verglichen wird. Ist das Blatt eine Variable, so wird der Baum an dieser Stelle nach links in die Tiefe solange erweitert, bis in den neu entstandenen Blättern an erster Stelle ein terminales Symbol steht. Ist dieses terminale Symbol verschieden vom Eingabezeichen, erfolgt ein Abbruch, stimmt es mit dem Eingabezeichen überein, so wird das nächste Zeichen der Eingabe mit dem nächsten Blatt des Ableitungsbaums verglichen und der Vorgang solange wiederholt, bis die Übereinstimmung des Eingabeworts mit dem Wort in den Blättern feststeht.

Die folgende Skizze soll die einzelnen Schritte des Parsing-Prozesses deutlich machen. Wir kennzeichnen die gelesene Stelle im Eingabewort durch einen Zeiger, der beim Weiterrücken jeweils die Nummer des gerade gelesenen Felds erhält. Auch im Ableitungsbaum zeigt ein Zeiger auf die Stelle, die gerade bearbeitet wird. Wir geben ihm jeweils die Nummer des Eingabefelds, das gerade gelesen wird. Dieser Zeiger befolgt beim Weiterrücken immer die Strategie „Tiefe zuerst, von links nach rechts".

Eingabe:
$$\begin{array}{cccccc} a & + & a & * & a \\ \uparrow & \uparrow & \uparrow & \uparrow & \uparrow & \uparrow \\ 1 & 2 & 3 & 4 & 5 & 6 \end{array}$$

Erzeugung des Ableitungsbaums:

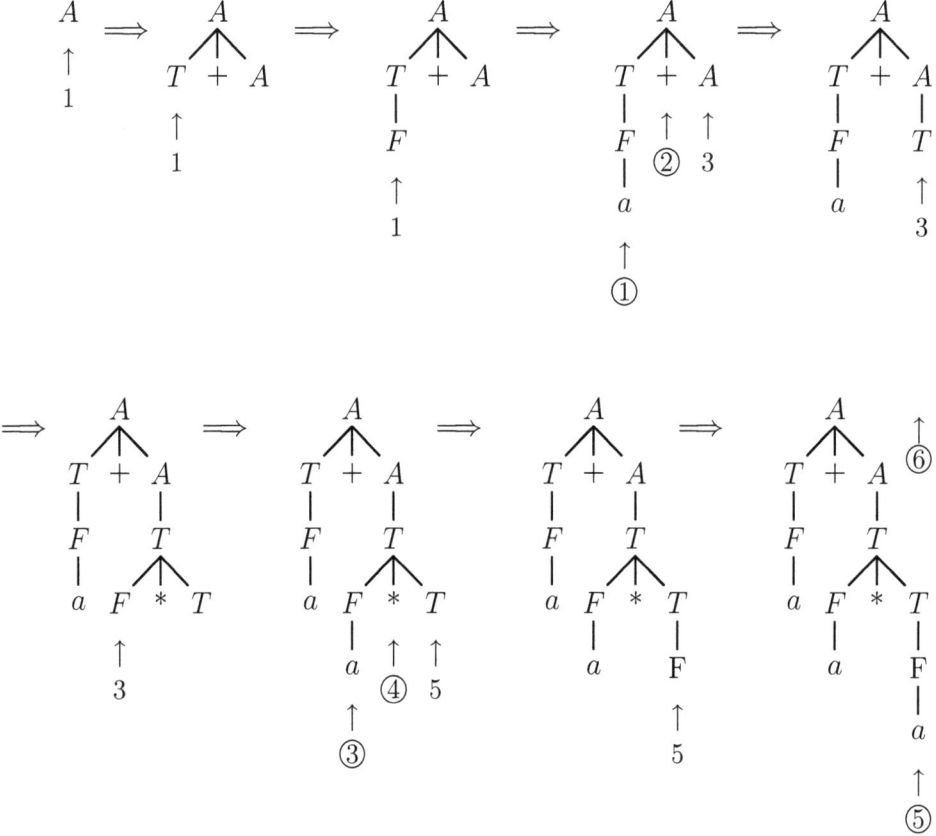

Beim Aufbau des Ableitungsbaums müssen drei Situationen unterschieden werden, von denen jeweils der nächste Schritt abhängt:

4.3 Das Prinzip der Top-Down-Analyse

- Zeigt der Baum-Zeiger auf eine *Variable*, so wird der Baum an dieser Stelle unter Verwendung einer Grammatikregel expandiert, und der Baum-Zeiger setzt sich auf den ersten direkten Nachfolger.

- Zeigen sowohl der Eingabe-Zeiger als auch der Baum-Zeiger auf *dasselbe terminale Symbol*, so rücken beide Zeiger eine Stelle weiter. Dieser Fall wird in der Skizze durch eine umkreiste Nummer beim Baum-Zeiger dargestellt.

- Zeigen der Eingabe-Zeiger und der Baum-Zeiger auf *verschiedene terminale Symbole*, so erfolgt ein Abbruch.

Hat der Baum-Zeiger den Ableitungsbaum vollständig durchlaufen, und ist der Eingabe-Zeiger hinter der Eingabe angelangt, so bedeutet dies, dass die Blätter des Ableitungsbaums in der Reihenfolge von links nach rechts genau das Eingabewort enthalten. In diesem Fall ist also ein passender Ableitungsbaum gefunden worden.

Das Beispiel zeigt einen erfolgreichen Verlauf, bei dem bei der Expansion eines Knotens immer die zum Erfolg führende Regel verwendet wird. Es kann jedoch vorkommen, dass zur Expansion eines Knotens mehrere Grammatikregeln in Frage kommen. In dem Beispiel hätte die Wurzel A auch zu einem Term T expandiert werden können, doch sieht man sehr schnell, dass dann alle Versuche, einen Ableitungsbaum für die Eingabe zu erzeugen, in eine Sackgasse geraten und erfolglos abgebrochen werden müssen.

Da ein Parser normalerweise nicht weiß, welche Regel zum Erfolg führt, wählt er die Regeln nach einer festgelegten Strategie aus. Gibt es mehrere Möglichkeiten für die Anwendung einer Regel, merkt sich der Parser diese Alternativen und fährt solange fort, bis er Erfolg hat oder in eine Sackgasse gerät. Beim Misserfolg eines Versuchs setzt er das Verfahren zur letzten Stelle zurück, an der es eine noch unberücksichtigt gebliebene Möglichkeit zur Anwendung einer Regel gibt, und startet einen erneuten Versuch. Dazu müssen der ab dieser Stelle erzeugte Teilbaum gelöscht und der Zeiger auf der Eingabe entsprechend zurückgesetzt werden. Das systematische Rücksetzen zu noch nicht berücksichtigten Alternativen wird als *Backtracking* bezeichnet.

In [Sethi et al., 2008] wird beschrieben, wie durch *Linksfaktorisierung* das Problem des Rücksetzens behoben werden kann. Dabei werden die für eine Expansion in Frage kommenden Grammatikregeln so umgeformt, dass die Entscheidung, welche Regel verwendet werden soll, hinausgeschoben werden kann, bis der weitere Verlauf eine eindeutige Auswahl ermöglicht. Diese Methode wird in so genannten *prädiktiven* Parsern verwendet, bei denen für die Entscheidung, welche Regel angewendet wird, ein Symbol nach vorne geschaut wird.

Es wird nun auch klar, warum linksrekursive Grammatikregeln für die oben beschriebene Parsingstrategie ungeeignet sind, denn sie führen den Parser offensichtlich in eine Endlosschleife. Hat der Parser nämlich eine Variable mit einer linksrekursiven Regel expandiert, so steht diese Variable wieder an erster Stelle der Nachfolger und muss im nächsten Schritt expandiert werden. Da der Parser inzwischen keine Zusatzinformation gewonnen hat, wählt er aus demselben Grund wie im Schritt davor wieder diese Regel, und dies wiederholt sich endlos.

Dasselbe passiert, wenn sich die Linksrekursion nicht direkt, sondern über mehrere Stufen hinweg ergibt. Auch diese *indirekte Linksrekursion* kann durch ein allgemeines Verfahren beseitigt werden (siehe [Sethi et al., 2008]). Ein spezieller Fall indirekter Linksrekursion liegt vor, wenn Zyklen von Variablenumbenennungen, so genannte *Kettenregeln*, in einer Grammatik vorhanden sind, z. B. $X \to Y$, $Y \to Z$ und $Z \to X$. Wir werden in Abschnitt 4.8 zeigen, wie man Kettenregeln in kontextfreien Grammatiken eliminieren kann.

4.4 Parser als Erkennungsalgorithmen

Parsingalgorithmen als Komponente des Compilers haben die Aufgabe, die syntaktische Korrektheit der Eingabe zu entscheiden und bei Erfolg einen Ableitungsbaum für die Übersetzung zu liefern. Verzichtet man auf die Konstruktion des Ableitungsbaums, so stellt ein Parsingalgorithmus einen reinen Erkennungsalgorithmus für eine Sprache dar.

Die Steuerung eines solchen Erkennungsalgorithmus kann mit Hilfe eines *Kellerspeichers*, kurz auch *Keller* oder *Stapel* genannt (engl.: stack), erfolgen, in den immer nur von einer Seite nach dem LIFO-Prinzip (von: Last In First Out) hineingeschrieben und herausgelesen wird. Diese beiden Operationen sind bekannt unter den Bezeichnungen *push* und *pop*.

Anschaulich wird ein Kellerspeicher oftmals als senkrechter Stapel dargestellt, der nur von oben bedient werden kann, ähnlich wie es ein Gabelstapler praktiziert. Die folgende Skizze zeigt das Speicherprinzip eines Kellers mit den Operationen push und pop (deklariert als Java-Methoden). Die Implementierung eines Stacks kann man sehr effizient als verkettete Liste realisieren. Dabei muss bei push der Sonderfall des vollen Kellers und bei pop der Sonderfall des leeren Kellers beachtet werden. In der Theorie verwendet man unbeschränkte Kellerspeicher.

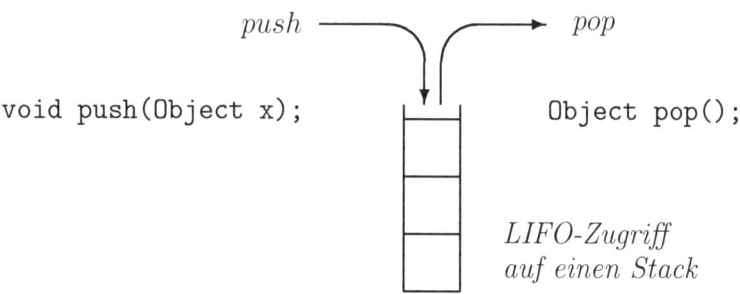

Anstatt einen vollständigen Ableitungsbaum herzustellen, werden bei einem Erkennungsalgorithmus im Keller lediglich diejenigen Knoten des bisher erzeugten Ableitungsbaums gespeichert, die noch bearbeitet werden müssen. Wird ein Knoten nicht mehr benötigt, wird er wieder gelöscht.

Der Kellerinhalt wird nach den folgenden Regeln erzeugt:

- *Zu Beginn steht nur das Startsymbol im Keller.*
- *Ist eine Variable X oben im Keller, so wird eine passende Grammatikregel $X \to \alpha$ gesucht und X im Keller durch die rechte Seite α ersetzt.*
- *Ist ein terminales Symbol oben im Keller und stimmt es mit dem aktuellen Eingabezeichen überein, so wird das oberste Kellerzeichen gelöscht und der Zeiger der Eingabe ein Feld weitergerückt.*
- *Ist ein terminales Symbol oben im Keller, das verschieden ist von dem aktuellen Eingabezeichen, so erfolgt ein Abbruch. Im Abbruch-Fall müssen durch Backtracking alle noch offenen Möglichkeiten durchgespielt werden.*
- *Nach der erfolgreichen Abarbeitung ist der Keller leer.*

Wir wollen den Erkennungsalgorithmus anhand eines erfolgreichen Verlaufs für das Beispiel des letzten Abschnitts demonstrieren. Über dem Kellerinhalt steht jeweils die Nummer der Stelle, auf der sich der Eingabe-Zeiger befindet. Ist ein terminales Symbol oben im Keller, ist diese Nummer umkreist um anzudeuten, dass in dieser Situation das Eingabezeichen mit dem obersten Kellerzeichen übereinstimmen muss. Es ergibt sich genau die Abfolge der Baum-Zeiger, die bei der Konstruktion des Ableitungsbaums erzeugt werden.

Eingabe:
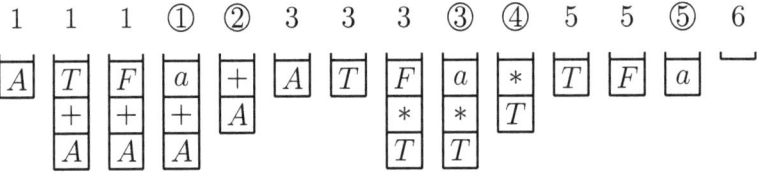

Erkennungsalgorithmus:

In der Abbildung ist erkennbar, dass der Parser durch das Lesen des Eingabeworts von links nach rechts im Keller die folgende Linksableitung nachvollzieht:

$$A \Rightarrow T+A \Rightarrow F+A \Rightarrow a+A \Rightarrow a+T \Rightarrow a+F*T \Rightarrow a+a*T \Rightarrow a+a*F \Rightarrow a+a*a$$

Das Beispiel macht deutlich, dass eine enge Verwandtschaft zwischen dem Erkennungsalgorithmus und der zugrundeliegenden kontextfreien Grammatik besteht. In der Tat haben wir ein erstes Beispiel eines *Kellerautomaten* kennengelernt. Kellerautomaten dienen als allgemeines Modell für das Erkennen kontextfreier Sprachen und bilden die Grundlage von Parsingalgorithmen für Programmiersprachen.

4.5 Arbeitsweise von Kellerautomaten

Die Sprache $L = \{0^n 1^n \mid n \geq 1\}$ abstrahiert die Eigenschaft, dass zwei verschiedene Symbole in gleicher Anzahl vorhanden sind. Bei der Überprüfung von verschachtelten Klammerausdrücken hat man ein ganz ähnliches

4.5 Arbeitsweise von Kellerautomaten

Problem, denn die Anzahl der öffnenden Klammern muss gleich der Anzahl der schließenden Klammern sein. Typische Beispiele sind arithmetische Ausdrücke oder die Klammerstruktur der Programmiersprache C.

Endliche Automaten können Sprachen wie $L = \{0^n 1^n \mid n \geq 1\}$ nicht erkennen, da sie in ihren Zuständen nur endlich viel Information speichern können. Es müssten aber beliebige, also unbeschränkt viele Anzahlen n von Nullen gespeichert werden können, damit anschließend festgestellt werden kann, ob die gleiche Anzahl von Einsen folgt.

Man kann dies erreichen, indem man einen zusätzlichen Speicher hinzufügt, der nicht in der Größe begrenzt ist. Es genügt sogar, den Speicher in Form eines Kellers zu verwalten, bei dem immer nur von einem Ende Information in den Speicher eingefügt bzw. aus dem Speicher entfernt werden kann (siehe letzter Abschnitt). Das so erweiterte Automatenmodell ergibt das Konzept der *Kellerautomaten*, das wir im Folgenden vorstellen werden.

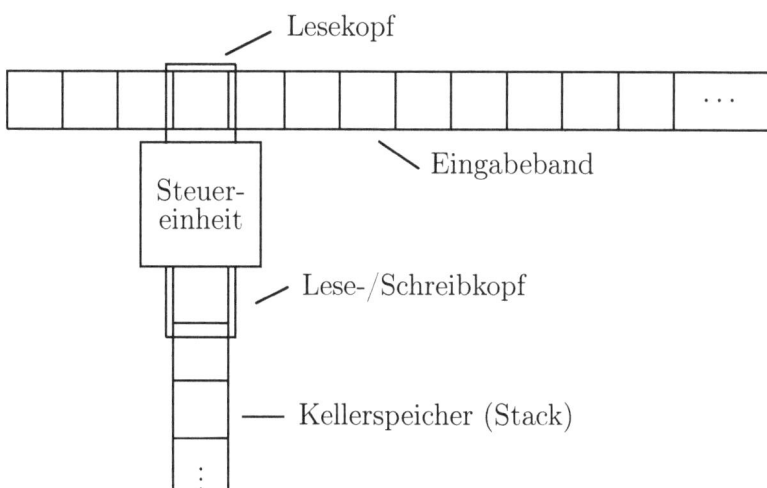

Abarbeitung von Eingabewörtern:
- Zu Beginn befindet sich die Steuereinheit im Anfangszustand, der Keller ist leer bis auf das Anfangskellerzeichen. Das zu bearbeitende Wort steht auf dem Eingabeband, beginnend auf dem ersten Feld, ansonsten ist das Eingabeband leer. Der Lesevorgang beginnt auf dem ersten Feld des Eingabebands.

- Der Lesekopf geht schrittweise auf dem Eingabeband nach rechts und liest die Zeichen, die auf den einzelnen Feldern stehen.

- Die einzelnen Arbeitsschritte können auf zwei verschiedene Weisen geschehen:

  (a) Abhängig vom augenblicklichen Zustand, dem gelesenen Zeichen auf dem Eingabeband sowie dem obersten Kellerzeichen geht die Steuereinheit in den nächsten Zustand über, schreibt ein Wort in den Keller und rückt den Lesekopf auf dem Eingabeband ein Feld weiter.

  (b) Abhängig vom augenblicklichen Zustand und dem obersten Kellerzeichen geht die Steuereinheit in den nächsten Zustand über, schreibt ein Wort in den Keller, rückt aber den Lesekopf auf dem Eingabeband nicht weiter. Dabei spielt das Zeichen, über dem der Lesekopf auf dem Eingabeband steht, keine Rolle.

- Das Eingabewort wird von dem Kellerautomaten erkannt, wenn er sich nach dem vollständigen Lesen des Wortes entweder in einem Endzustand befindet (bei Kellerautomaten mit Endzuständen) oder wenn der Keller vollständig leer ist (bei Kellerautomaten ohne Endzustände).

4.6 Nichtdeterministische Kellerautomaten

Wir betrachten hier nur Kellerautomaten mit Endzuständen, da sie eine direkte Verallgemeinerung der endlichen Automaten sind, denn es wird lediglich ein Kellerspeicher hinzugefügt. Kellerautomaten ohne Endzustände, bei denen das Erkennungskriterium ein leerer Keller ist, stellen ein äquivalentes Automatenkonzept dar (siehe z. B. [Schöning, 2008]).

In der nachfolgenden Definition werden sofort nichtdeterministische Kellerautomaten beschrieben, denn anders als bei endlichen Automaten ist bei Kellerautomaten die nichtdeterministische Variante mächtiger als die deterministische. Anhand eines Beispiels werden wir begründen, dass nur mit Hilfe des Nichtdeterminismus alle kontextfreien Sprachen von einem Kellerautomaten erkannt werden können.

Definition: (Kellerautomat)

Ein (*nichtdeterministischer*) *Kellerautomat* (*mit Endzuständen*)
ist ein 7-tupel $M = (Z, V, U, \delta, q_M, K_M, F)$ mit

1. Z, V, U sind endliche, nichtleere Mengen.
   Z heißt *Zustandsmenge*, V heißt das *Eingabealphabet*,
   U heißt das *Kelleralphabet*.
2. $\delta \subseteq Z \times (V \cup \{\varepsilon\}) \times U \times Z \times U^*$, δ endlich,
   δ heißt *Überführungsrelation*,
   die Elemente aus δ heißen *Anweisungen*.
3. $q_M \in Z$, q_M heißt der *Anfangszustand*.
4. $K_M \in U$, K_M heißt das *Anfangskellerzeichen*.
5. $F \subseteq Z$, F heißt die *Menge der Endzustände*.

Abkürzung: Eine Anweisung $(q, a, A, p, \alpha) \in \delta$ mit $q, p \in Z$,
$a \in (V \cup \varepsilon)$, $A \in U$, $\alpha \in U^*$ schreibt man kurz als

$$qaA \mapsto p\alpha$$

um den Bedingungsteil vom Aktionsteil zu trennen.

Eine Anweisung $qaA \mapsto p\alpha$ hat die folgende Bedeutung, wobei zwei Fälle zu unterscheiden sind:

$a \in V$: Liest M im Zustand q das Eingabezeichen a, und ist A das oberste Kellerzeichen, so geht M in den Zustand p über und ersetzt A im Keller durch das Wort α. Der Lesekopf auf dem Eingabeband wird ein Feld weitergerückt.

$a = \varepsilon$: (*Spontaner Übergang* oder *ε–Übergang*)
Ist M im Zustand q, und ist A das oberste Kellerzeichen, so geht M ohne das Eingabezeichen zu lesen in den Zustand p über und ersetzt A im Keller durch α. Hierbei wird der Lesekopf auf dem Eingabeband nicht weitergerückt.

In beiden Fällen wird immer das oberste Kellerzeichen A gelöscht. Für das Wort α, das neu in den Keller geschrieben wird, gilt die folgende Reihenfolge: Ist $\alpha = B_1...B_n$, so kommt B_n als Erstes in den Keller und B_1 als Letztes, so dass B_1 anschließend das oberste Kellerzeichen ist.

Bemerkungen:

- Eine Anweisung der Form $qaA \mapsto p\varepsilon$ entspricht einer pop-Operation, da grundsätzlich das oberste Kellerzeichen gelöscht wird.

- Eine Anweisung der Form $qaA \mapsto pBA$ ist eine push-Operation für das Zeichen B. Das zunächst gelöschte oberste Kellerzeichen A wird wieder neu in den Keller eingefügt, bevor B darübergeschrieben wird.

Ein nichtdeterministischer Kellerautomat stoppt, falls er für eine Situation, die durch den Zustand, das Zeichen unter dem Lesekopf auf dem Eingabeband sowie das oberste Kellerzeichen gegeben ist, keine Anweisung enthält. Ein besonderer Fall liegt vor, wenn der Keller leer ist, dann gibt es definitionsgemäß keine Anweisung, und der Kellerautomat stoppt ebenfalls.

Mit Hilfe von spontanen Übergängen können Kellerautomaten, im Gegensatz zu endlichen Automaten, unendlich weiterlaufen ohne zu stoppen. Eine solche Situation ist z. B. durch den spontanen Übergang $q\varepsilon K \mapsto qK$ gegeben, der allerdings sinnlos ist.

Ein Eingabewort muss vollständig gelesen werden, damit es erkannt wird, und der Kellerautomat muss anschließend in einem Endzustand stoppen. Mit der folgenden Definition wird das Erkennen von Wörtern präzisiert.

Definition: (Von Kellerautomaten erkannte Sprache)

Sei $M = (Z, V, U, \delta, q_M, K_M, F)$ ein Kellerautomat. Das Wort $x \in V^*$ sei auf das Eingabeband geschrieben, beginnend auf dem ersten Feld. Der Automat starte mit dem Lesekopf auf dem ersten Feld im Anfangszustand, der Keller sei leer bis auf das Anfangskellerzeichen.

Das Wort x wird von M erkannt (*akzeptiert*), falls es in M eine Möglichkeit gibt, x vollständig zu lesen, und zwar so, dass M anschließend in einem Endzustand stoppt.

Die von M erkannte (*akzeptierte, dargestellte*) *Sprache* ist die Menge

$$T(M) = \{x \in V^* \mid x \text{ wird von } M \text{ erkannt}\}.$$

4.6 Nichtdeterministische Kellerautomaten

Beispiel:

Wir wollen einen Kellerautomaten M angeben, der die Sprache $L = \{0^n 1^n \mid n \geq 1\}$ erkennt. Durch die Unbeschränktheit des Kellerspeichers können im Gegensatz zu endlichen Automaten nun beliebig große Anzahlen n verglichen werden.

M sei gegeben durch $M = (\{q_1, q_2, q_3\}, \{0, 1\}, \{A, K\}, \delta, q_1, K, \{q_3\})$ mit

δ:
$\quad q_1 0 K \mapsto q_1 A K$
$\quad q_1 0 A \mapsto q_1 A A$
$\quad q_1 1 A \mapsto q_2 \varepsilon$
$\quad q_2 1 A \mapsto q_2 \varepsilon$
$\quad q_2 \varepsilon K \mapsto q_3 K$

M erkennt das Wort 000111 in der folgenden Weise (das Symbol ♭ steht wieder für das Leerzeichen):

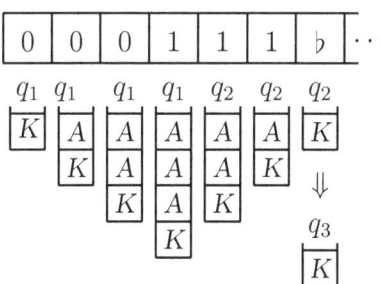

Die Wörter 00011, 011 und 0101 werden nicht erkannt:

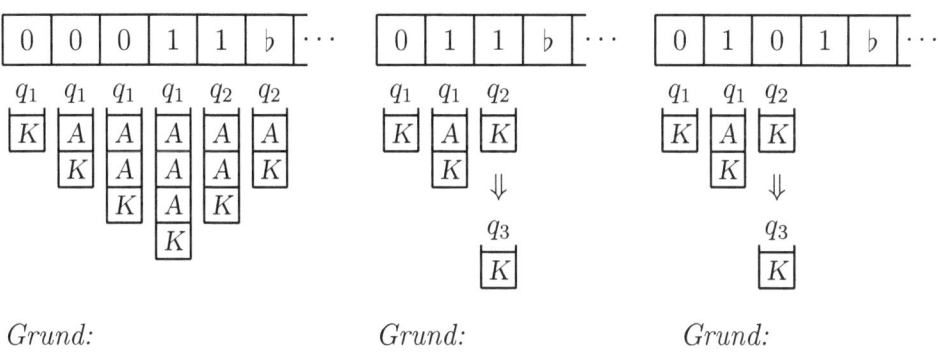

Grund: stoppt nicht in einem Endzustand

Grund: stoppt nicht hinter dem Eingabewort

Grund: stoppt nicht hinter dem Eingabewort

Der Kellerautomat des letzten Beispiels ist ein deterministischer Kellerautomat, denn in jeder Situation gibt es höchstens eine Möglichkeit für das Weiterarbeiten. Im folgenden Beispiel wird ein nichtdeterministischer Kellerautomat vorgestellt, der in einigen Situationen mehr als eine Abarbeitungsmöglichkeit hat.

Beispiel:
Gegeben sei das Alphabet $V = \{a, b\}$. Wir definieren die Sprache L durch

$$L = \{w\breve{w} \mid w \in V^*, \breve{w} \text{ ist Spiegelbild von } w\}.$$

Z. B. sind die Wörter $aabaabaa$ und $aaaaaa$ in L, die Wörter $aaaaa$ und $aabaa$ dagegen nicht.

Die Sprache L wird von dem Kellerautomaten M erkannt, der folgendermaßen definiert ist:

$M = (\{q_1, q_2, q_3\}, \{a, b\}, \{A, B, K\}, \delta, q_1, K, \{q_3\})$ mit

δ:
$q_1 a K$	$\mapsto$	$q_1 A K$	} Anfang,
$q_1 b K$	$\mapsto$	$q_1 B K$	} Speichern des ersten Zeichens im Keller
$q_1 a A$	$\mapsto$	$q_1 A A$	
$q_1 b A$	$\mapsto$	$q_1 B A$	
$q_1 a B$	$\mapsto$	$q_1 A B$	} Speichern der gelesenen Zeichen im Keller
$q_1 b B$	$\mapsto$	$q_1 B B$	
$q_1 a A$	$\mapsto$	$q_2 \varepsilon$	} Wechsel vom Speichern zum Löschen,
$q_1 b B$	$\mapsto$	$q_2 \varepsilon$	nichtdeterministisches Erkennen der Mitte
$q_2 a A$	$\mapsto$	$q_2 \varepsilon$	} allgemeiner Löschvorgang
$q_2 b B$	$\mapsto$	$q_2 \varepsilon$	
$q_2 \varepsilon K$	$\mapsto$	$q_3 K$	} nach Erfolg in den Endzustand
$q_1 \varepsilon K$	$\mapsto$	$q_3 K$	} Spezialfall: Erkennen von ε

Wir betrachten eine erfolgreiche Abarbeitung des Wortes $abaaaaba$. Der erste Teil des Wortes wird im Keller gespeichert. In der Mitte führen wir den Wechsel vom Speichern zum Löschen durch. Wenn wir stattdessen an dieser Stelle weiter speichern würden, dann würde der Kellerautomat in eine Sackgasse geraten und könnte das Wort nicht erkennen. Damit der Kellerautomat in den Endzustand gelangen kann, muss der Keller durch den zweiten Teil des

Eingabewortes geleert werden, was nur dann erfolgt, wenn die zweite Hälfte das Spiegelbild der ersten Hälfte ist.

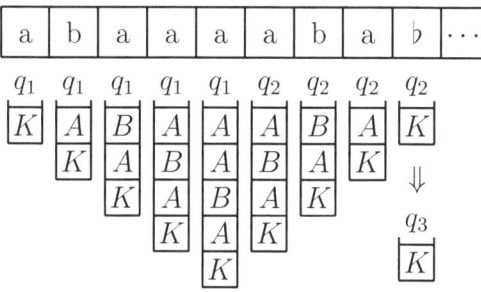

Die Sprache L dieses Beispiels ist kontextfrei, denn man sieht leicht, dass sie von der Grammatik $G = (\{S, X\}, \{a, b\}, S, P)$ mit

$P:$ $S \to \varepsilon$
       $S \to X$
       $X \to aXa$
       $X \to bXb$
       $X \to aa$
       $X \to bb$

erzeugt wird.

Es ist offensichtlich, dass die Mitte der zu L gehörenden Wörter durch einen Kellerautomaten nicht deterministisch festgestellt werden kann. Betrachtet man z. B. die beiden Wörter $aaaa$ und $aaaaaa$, so hat der Kellerautomat nach dem Lesen des Anfangsstücks aa keine Möglichkeit vorauszusehen, dass er im ersten Wort zum Löschen übergehen muss, dagegen im zweiten Wort noch ein weiteres a abspeichern muss.

Diese Sprache ist das Standardbeispiel um zu zeigen, dass es kontextfreie Sprachen gibt, die nicht durch einen deterministischen Kellerautomaten erkannt werden können. Folglich ist das Konzept der nichtdeterministischen Kellerautomaten mächtiger als das Konzept der deterministischen Kellerautomaten. Man erinnere sich, dass bei endlichen Automaten die beiden Konzepte gleichmächtig sind.

Die sich aus dieser Tatsache ergebenden Konsequenzen für die Entwicklung von Parsern werden wir im nächsten Abschnitt etwas näher erläutern.

4.7 Zusammenhang zwischen kontextfreien Sprachen und Kellerautomaten

Die nichtdeterministischen Kellerautomaten erkennen genau die kontextfreien Sprachen. Dies drückt der folgende Satz aus:

Satz:
Sei L eine Sprache. Dann sind die folgenden Aussagen äquivalent:

(a) L ist kontextfrei.

(b) Es gibt einen nichtdeterministischen Kellerautomaten, der L erkennt.

Beweis:
Wir wollen hier nur die für die Entwicklung von Parsern wichtige Richtung (a) $\Rightarrow$ (b) zeigen. Einen Beweis für die Gegenrichtung kann z. B. in [Schöning, 2008] nachgelesen werden.

(a) $\Rightarrow$ (b) (Konstruktion eines nichtdeterministischen Kellerautomaten aus einer kontextfreien Grammatik)

Sei $L = L(G)$ mit $G = (V_N, V_T, P, S)$ kontextfrei.

Definiere $M = (Z, V, U, \delta, q_M, K_M, F)$ durch

$$
\begin{aligned}
Z &= \{q_1, q_2, q_3\} \\
V &= V_T \\
U &= V_N \cup V_T \cup \{K\} \\
q_M &= q_1 \\
K_M &= K \\
F &= \{q_3\}
\end{aligned}
$$

$$
\begin{aligned}
\delta: \quad q_1 \varepsilon K &\mapsto q_2 S K &\in \delta & \\
q_2 \varepsilon A &\mapsto q_2 \alpha &\in \delta &\quad \text{für alle } A \to \alpha \in P \\
q_2 a a &\mapsto q_2 \varepsilon &\in \delta &\quad \text{für alle } a \in V_T \\
q_2 \varepsilon K &\mapsto q_3 K &\in \delta &
\end{aligned}
$$

Es gilt $T(M) = L(G)$, denn der so konstruierte Kellerautomat entspricht genau dem Erkennungsalgorithmus aus Abschnitt 4.4. Nach der erfolgreichen Simulation einer Linksableitung ist der Keller leer bis auf das Anfangskellerzeichen K. Mit der letzten Anweisung kann M in den Endzustand übergehen. □

4.7 Kontextfreie Sprachen – Kellerautomaten

Beispiel:

Wir wollen noch einmal für die Sprache $L = \{0^n 1^n \mid n \geq 1\}$ einen Kellerautomaten angeben, den wir diesmal aus der Grammatik $G = (\{S\}, \{0,1\}, P, S)$ mit $P = \{S \rightarrow 0S1,\ S \rightarrow 01\}$ nach dem eben beschriebenen Verfahren konstruieren.

Wir definieren $M = (\{q_1, q_2, q_3\}, \{0,1\}, \{S, 0, 1, K\}, \delta, q_1, K, \{q_3\})$ mit

$$\delta: \begin{array}{rcl} q_1 \varepsilon K & \mapsto & q_2 S K \\ q_2 \varepsilon S & \mapsto & q_2 0 S 1 \\ q_2 \varepsilon S & \mapsto & q_2 01 \\ q_2 00 & \mapsto & q_2 \varepsilon \\ q_2 11 & \mapsto & q_2 \varepsilon \\ q_2 \varepsilon K & \mapsto & q_3 K \end{array}$$

M erkennt das Wort 000111 in der folgenden Weise:

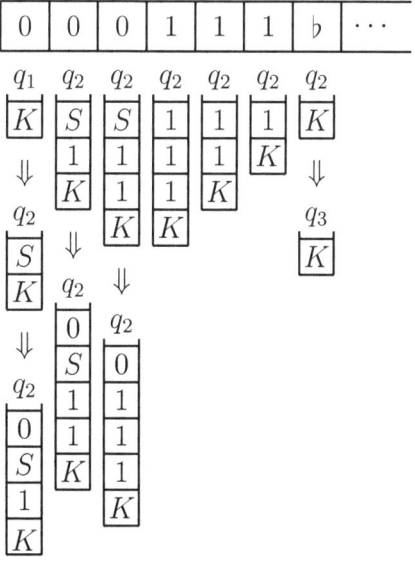

Bemerkung: Die vorgestellte Konstruktion erzeugt Kellerautomaten, die nach dem Erkennen von Wörtern immer einen leeren Keller haben bis auf das Anfangskellerzeichen. Die Zustände spielen eigentlich gar keine Rolle, sie sorgen nur dafür, dass der Automat am Schluss in einen Endzustand gelangen kann. Es gibt wie schon erwähnt ein äquivalentes Konzept für nichtdeterministische Kellerautomaten, bei dem ein leerer Keller das Kriterium für das

Erkennen von Wörtern ist. Bei diesen Kellerautomaten sind die Zustände sogar ganz entbehrlich und man beschränkt sich üblicherweise auf einen Zustand (siehe z. B. [Wegener, 1999]).

Die Tatsache, dass mit einem allgemeinen Algorithmus aus einer beliebigen kontextfreien Grammatik ein nichtdeterministischer Kellerautomat hergestellt werden kann, zeigt, dass man auch für kontextfreie Sprachen allgemeine *Parser-Generatoren* entwickeln kann, ähnlich wie die Scanner-Generatoren für reguläre Sprachen.

Hierbei treten jedoch verschiedene Schwierigkeiten auf. Die eine rührt daher, dass es nicht zu jeder kontextfreien Grammatik einen deterministischen Kellerautomaten gibt (siehe letzter Abschnitt). In solchen Fällen muss ein anderer deterministischer Algorithmus gefunden werden. Dieser könnte z. B. aus dem *Cocke-Younger-Kasami-Algorithmus* (kurz *CYK-Algorithmus*) abgeleitet werden. Der CYK-Algorithmus, der nicht auf der Arbeitsweise von Kellerautomaten basiert, überprüft in effizienter Weise (vgl. dazu Abschnitt 5.4), welche Teilwörter von welchen Variablen abgeleitet werden können, um schließlich entscheiden zu können, ob das Eingabewort vom Startsymbol abgeleitet werden kann (näheres dazu siehe z. B. [Wegener, 1999]).

Ein anderes Problem ist, dass viele kontextfreie Grammatiken grundsätzlich zu ineffizienten Parsern führen. Wenn z. B. bei der Expansion eines Knotens des Ableitungsbaums mehrere Regeln zur Auswahl stehen, muss normalerweise aufwändiges Backtracking durchgeführt werden (siehe Abschnitt 4.3).

Deshalb beschränkt man sich bei der Beschreibung von Programmiersprachen auf eine spezielle Form von kontextfreien Grammatiken, aus denen sich effiziente Parser generieren lassen. Solche Grammatiken sind z. B. die so genannten *LR(k)-Grammatiken*, bei denen man bei der Konstruktion des Ableitungsbaums die nächste anzuwendende Grammatikregel in eindeutiger Weise bestimmen kann, wenn die k nächsten Eingabesymbole bekannt sind. Das L steht für das Lesen der Eingabe von links nach rechts, und das R für die Simulation einer Rechtsableitung. Der Ableitungsbaum wird bei diesen Grammatiken in der Bottom-Up-Strategie erzeugt. Ein bekannter Parser-Generator, der nach diesem Prinzip aufgebaut ist, ist YACC (Yet Another Compiler Compiler), der im Betriebssystem UNIX zur Verfügung steht. Die von LR(k)-Grammatiken erzeugten Sprachen sind übrigens genau die Sprachen, die von deterministischen Kellerautomaten erkannt werden (Genaueres siehe z. B. [Sethi et al., 2008]).

4.8 Die Chomsky-Normalform

Viele kontextfreie Grammatiken sind nicht dazu geeignet, aus ihnen einen Parser herzuleiten. Wir haben schon die Mehrdeutigkeit erwähnt oder das Vorhandensein von linksrekursiven Grammatikregeln (siehe Abschnitte 4.2 und 4.3).

Ein weiteres Problem ergibt sich, wenn eine Grammatik Regeln der Form $X \rightarrow Y$ ($X, Y \in V_N$) enthält, so genannte *Kettenregeln*, die nichts anderes leisten als die Umbenennung von Variablen. Sie können die Ableitung eines Wortes unnötig in die Länge ziehen und bewirken, dass ein aus der Grammatik abgeleiteter Parser ineffizient wird.

Wir wollen im Folgenden zeigen, dass Kettenregeln überflüssig sind, indem wir einen Algorithmus vorstellen, der zu jeder kontextfreien Grammatik, die das Leerwort ε nicht erzeugt, eine äquivalente so genannte *Chomsky-Normalform* herstellt. Grammatiken in Chomsky-Normalform bieten eine Grundlage für die Entwicklung effizienter Parser und vereinfachen viele theoretische Untersuchungen, da sich Ableitungsbäume in Chomsky-Normalform-Grammatiken höchstens binär verzweigen. Wir werden dies im nächsten Abschnitt ausnützen, wenn wir zeigen, dass die Sprache $L = \{0^n 1^n 2^n \mid n \geq 1\}$ nicht kontextfrei ist.

Definition: (Chomsky-Normalform)

> Eine Grammatik $G = (V_N, V_T, P, S)$ ist in *Chomsky-Normalform*, falls jede Grammatikregel von der Form $X \rightarrow YZ$ oder $X \rightarrow a$ mit $X, Y, Z \in V_N$ und $a \in V_T$ ist.

Dass jede kontextfreie Grammatik, die das Leerwort ε nicht erzeugt (d. h. $S \rightarrow \varepsilon \notin P$), in eine äquivalente Grammatik in Chomsky-Normalform gebracht werden kann, sagt der folgende Satz aus. (Falls ε zusätzlich erzeugt werden soll, wählen wir ein neues Startsymbol S' und nehmen die Regeln $S' \rightarrow \varepsilon$ sowie $S' \rightarrow S$ hinzu. Diese Grammatik weicht nur unwesentlich von der Chomsky-Normalform ab und erfordert eine minimale Spezialbehandlung.)

Satz:
Zu jeder kontextfreien Grammatik, die das Leerwort ε nicht erzeugt, lässt sich eine äquivalente Grammatik in Chomsky-Normalform angeben.

Beweis (durch Konstruktion) :
Sei $G_0 = (V_N, V_T, P, S)$ eine kontextfreie Grammatik, die ε nicht erzeugt.

allgemein:	Beispiel:

1. Schritt (störende Terminale durch Variablen ersetzen)

Führe für jedes $a \in V_T$ eine neue Variable X_a ein, ersetze in allen Produktionen, die nicht einzelne Terminale erzeugen, a durch X_a und nehme neue Produktionen $X_a \to a$ hinzu.	$V_N = \{S, A, B\}$, $V_T = \{0, 1\}$ $P: \quad S \to 0S0 \mid 00 \mid A$ $\quad A \to 1A \mid B$ $\quad B \to 1$
Ergebnis: $G_1 = (V_N', V_T, P', S)$.	$V_N' = \{S, A, B, X_0, X_1\}$ $P': \quad S \to X_0 S X_0 \mid X_0 X_0$ $\qquad\quad \mid A$ $\quad A \to X_1 A \mid B$ $\quad B \to 1$ $\quad X_0 \to 0$ $\quad X_1 \to 1$
Alle Produktionen haben die Form $X \to Y_1...Y_n$ oder $X \to a$ $(X, Y_i \in V_N',\ n \geq 1,\ a \in V_T)$.	

2. Schritt (Kettenregeln ersetzen)

Bestimme zu jeder Variablen X die Menge $U(X)$, das sind X plus alle Variablen, die aus X durch eine endliche Folge von Kettenregeln entstehen können.	$U(S) = \{S, A, B\}$ $U(A) = \{A, B\}$ $U(B) = \{B\}$ $U(X_0) = \{X_0\}$ $U(X_1) = \{X_1\}$
Bilde P'' durch $P'' = \{X \to \alpha \mid \text{es gibt ein } Y \in U(X)$ $\qquad\qquad \text{mit } Y \to \alpha \in P',\ \alpha \notin V_N'\}$. P'' enthält keine Kettenregel mehr.	$P'': \quad S \to X_0 S X_0 \mid X_0 X_0$ $\qquad\quad \mid X_1 A \mid 1$ $\quad A \to X_1 A \mid 1$ $\quad B \to 1$ $\quad X_0 \to 0$ $\quad X_1 \to 1$
Ergebnis: $G_2 = (V_N', V_T, P'', S)$.	
Alle Produktionen haben die Form $X \to Y_1...Y_n$ oder $X \to a$ $(X, Y_i \in V_N',\ n \geq 2,\ a \in V_T)$.	

| allgemein: | Beispiel: |

3. Schritt (Variablenstrings verkürzen)

Nehme für jede Produktion $X \to Y_1...Y_n$ mit $n \geq 3$ neue Variablen $Z_1,...Z_{n-2}$ hinzu und ersetze diese Produktionen durch die Produktionen	$S \to X_0 \underbrace{SX_0}_{Z_1}$ ersetzen durch $\{S \to X_0 Z_1,\ Z_1 \to SX_0\}$ $V_N'' = \{S, A, B, X_0, X_1, Z_1\}$
$X \to Y_1 Z_1,$ $Z_1 \to Y_2 Z_2,$ $\vdots$ $Z_{n-3} \to Y_{n-2} Z_{n-2},$ $Z_{n-2} \to Y_{n-1} Y_n.$	$P''' :\ \ S \to X_0 Z_1 \mid X_0 X_0$ $\hspace{3em} \mid X_1 A \mid 1$ $Z_1 \to SX_0$ $A \to X_1 A \mid 1$ $X_0 \to 0$ $X_1 \to 1$ $B \to 1$
(Für jede der alten Produktionen müssen neue Z_i gewählt werden!)	
Ergebnis: $G_3 = (V_N'', V_T, P''', S)$ in Chomsky-Normalform.	$\square$

Die Chomsky-Normalform ist eine Vorstufe bei der Erzeugung einer weiteren Normalform für kontextfreie Grammatiken, der *Greibach-Normalform*, bei der jede Regel die Form $X \to aY_1...Y_n$ hat ($X, Y_1,..., Y_n \in V_N$, $a \in V_T$, $n \geq 0$) (benannt nach der Sprachwissenschaftlerin Sheila Greibach, die 1965 diese Normalform vorgestellt hat). Der Umformungsalgorithmus ist jedoch sehr aufwändig, so dass wir hier nur auf die Literatur verweisen wollen (siehe z. B. [Wegener, 1999] oder [Hopcroft und Ullman, 2000]).

Bei der Greibach-Normalform sieht man direkt, dass kontextfreie Grammatiken eine Verallgemeinerung der regulären Grammatiken sind, deren Regeln ebenfalls diese Form haben, jedoch speziell mit $n = 1$ oder $n = 0$ (außer im Spezialfall $S \to \varepsilon$).

Aus einer Grammatik in Greibach-Normalform kann man einen sehr schnellen Parser herleiten, denn für jedes Eingabezeichen muss im Stack immer nur einmal expandiert werden, dann entsteht oben im Stack sofort das nächste terminale Symbol, das mit der Eingabe abgeglichen werden kann.

4.9 Eine kontextsensitive Sprache, die nicht kontextfrei ist

Wir wollen zeigen, dass man mit kontextsensitiven Grammatiken mehr Sprachen darstellen kann, als mit kontextfreien Grammatiken. Daraus folgt, dass die Menge der kontextfreien Sprachen in der Chomsky-Hierarchie echt enthalten ist in der Menge der kontextsensitiven Sprachen.

Dazu beweisen wir, dass die Sprache $L = \{0^n 1^n 2^n \mid n \geq 1\}$ nicht kontextfrei ist. Dass L kontextsensitiv ist, haben wir in Abschnitt 2.2 gezeigt, indem wir die Grammatik für diese Sprache aus Abschnitt 2.1, die nicht kontextsensitiv ist, zu einer äquivalenten kontextsensitiven Grammatik umgeformt haben.

Der Beweis geht ähnlich vor wie der Beweis, dass die Sprache $\{0^n 1^n \mid n \geq 1\}$ nicht regulär ist (siehe Abschnitt 3.7), allerdings werden hier Ableitungsbäume für den Widerspruchsbeweis herangezogen. Man konstruiert eine kontextfreie Ableitung mit einer Schleife und zeigt, dass die Schleife nicht in der Lage ist, drei Symbole gleichzeitig in gleichem Umfang zu vervielfältigen, ohne die Trennung der Symbole aufzuheben.

Satz:
Die Sprache $L = \{0^n 1^n 2^n \mid n \geq 1\}$ ist nicht kontextfrei.

Beweis (indirekt):
Wir nehmen an, L wäre kontextfrei.

Dann gibt es eine kontextfreie Grammatik $G = (V_N, V_T, P, S)$ in Chomsky-Normalform (siehe letzter Abschnitt) mit $L(G) = L$.

Aufgrund der speziellen Form der Produktionen einer Chomsky-Normalform verzweigen sich alle Ableitungsbäume für Wörter aus $L(G)$ höchstens zweifach. Die inneren Knoten sind dabei alle mit Variablen markiert, dagegen entsprechen die Blätter terminalen Symbolen. Die Vorgängerknoten der Blätter sind die einzigen Knoten, die jeweils nur einen Nachfolger haben.

Mit einem solchen Ableitungsbaum können bei einer Baumhöhe von h höchstens Wörter der Länge 2^{h-1} erzeugt werden. (Die Höhe eines Baums entspricht der Länge eines maximalen Pfades von der Wurzel zu einem Blatt und ist gleich der Anzahl der Kanten auf diesem Pfad.)

Die folgende Skizze zeigt einen maximalen Ableitungsbaum der Höhe 4 zu einer Grammatik in Chomsky-Normalform, mit dem höchstens ein Wort der Länge $2^{4-1} = 2^3 = 8$ erzeugt werden kann:

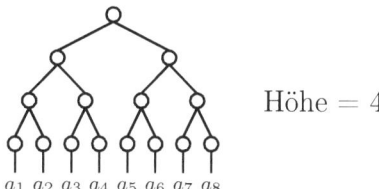

Höhe = 4

Wir wählen nun ein Wort aus L, das so lang ist, dass ein Ableitungsbaum für dieses Wort notwendigerweise einen Pfad von der Wurzel zu einem Blatt enthält, auf dem es mindestens zwei Knoten gibt, die mit derselben Variablen markiert sind. Die obige Skizze macht deutlich, dass dies gewährleistet ist, falls das Wort länger ist als 2^{k-1}, wobei $k = |V_N|$ die Anzahl der Variablen in G ist.

Sei $z \in L$ nun ein Wort mit einer Länge größer als 2^{k-1}. Ein Ableitungsbaum für z kann folgendermaßen charakterisiert werden:

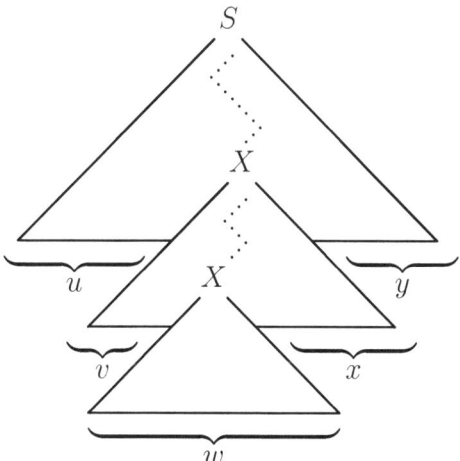

Aufgrund der Länge von z gibt es einen Pfad von der Wurzel zu einem Blatt, auf dem mindestens eine Variable X doppelt vorkommt. Das Wort z hat die Form $uvwxy$, wobei $v \neq \varepsilon$ oder $x \neq \varepsilon$ (d. h. v und x fehlen nicht beide, da sich der Baum bei dem oberen X zweifach verzweigt).

Aus dem Baum ist ersichtlich, dass aus X die beiden Wörter vXx und w ableitbar sind. Man kann also auch die Ableitung

$$S \stackrel{*}{\Rightarrow} uvXxy \stackrel{*}{\Rightarrow} uvvXxxy \stackrel{*}{\Rightarrow} uvvwxxy$$

realisieren, die in der folgenden Skizze dargestellt ist:

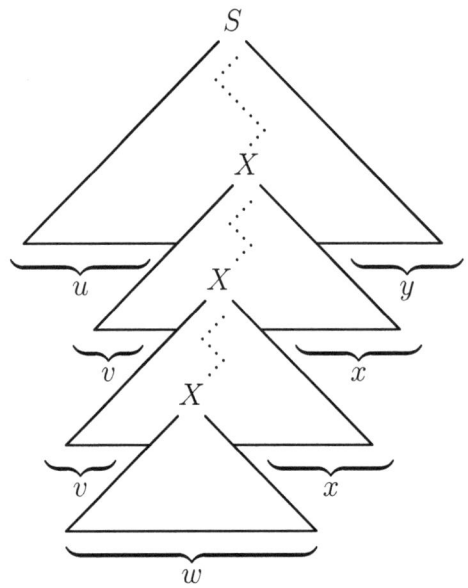

Das neue Wort $z' = uv^2wx^2y$ ist ebenfalls in $L(G)$ und hat die Form $0^m 1^m 2^m$.
Für die Teilwörter v und x können wir zwei Fälle unterscheiden:

Fall 1: v oder x enthält mehr als eine Sorte Zeichen.

Folglich muss eines der Teilwörter 01 oder 12 in v oder x enthalten sein. Dann hätte aber $z' = vv^2wx^2y$ nicht mehr die Form $0^m 1^m 2^m$ im Widerspruch zum oben Gesagten. (Z. B. $v = 011$, dann ist $v^2 = 011011$.)

Fall 2: v und x enthalten jeweils nur eine Sorte Zeichen.

D. h. eines der Zeichen 0, 1 oder 2 ist weder in v noch in x enthalten. Dann bleibt die Anzahl dieses Zeichens beim Übergang von $z = uvwxy$ nach $z' = uv^2wx^2y$ gleich, dagegen vergrößert sich die Anzahl der anderen beiden Zeichen. Folglich kann z' nicht mehr die Form $0^m 1^m 2^m$ haben im Widerspruch zum oben Gesagten.

Da beide Fälle einen Widerspruch ergeben, muss die Annahme, dass L kontextfrei sei, falsch sein. Folglich ist L nicht kontextfrei. □

Bemerkungen:

- Wir haben hier eine Argumentation verwendet, mit der man üblicherweise einen allgemeinen Satz über die Struktur von Ableitungsbäumen in kontextfreien Grammatiken beweist, das so genannte *Pumping Lemma* oder *uvwxy-Theorem*. Der Begriff *Pumping* macht den Übergang von $uvwxy$ zu uv^2wx^2y besonders anschaulich. Mit diesem Satz kann man für viele andere Sprachen zeigen, dass sie nicht kontextfrei sind, z. B. für $\{0^n \mid n\ Primzahl\}$ oder $\{0^n \mid n\ Quadratzahl\}$. Es gibt auch eine spezielle Form des Pumping Lemmas für reguläre Sprachen. (Siehe z. B. [Schöning, 2008], [Wegener, 1999], [Hopcroft und Ullman, 2000].)

- Das Beispiel zeigt, dass man mit kontextfreien Grammatiken nicht ausdrücken kann, dass drei unterschiedliche Symbole in getrennten Bereichen mit derselben Anzahl vorkommen. Da Programmiersprachen in der Regel kontextfrei beschrieben werden, findet man solche Konstrukte in keiner gängigen Programmiersprache.

4.10 Die Extensible Markup Language XML

Für den Datenaustausch im Rahmen des World Wide Web (WWW) wurde ein sehr allgemein verwendbarer Formalismus zur Beschreibung von strukturierten Daten und Dokumenten entwickelt, die *eXtensible Markup Language* (*XML*). Als Basis diente die Markup-Sprache *SGML* (*Standard Generalized Markup Language*), die schon seit längerem verwendet wird, aber schwieriger zu handhaben ist. Der XML-Formalismus enthält die bisher im Web dominierende Seitenbeschreibungssprache HTML (*HyperText Markup Language*) als Spezialdialekt und etabliert sich immer mehr als weltweiter Standard für den Austausch von Daten der verschiedensten Art übers Internet. (Für eine Einordnung von XML in die Theorie der formalen Sprachen siehe z. B. [Hopcroft, Motwani und Ullman, 2001], [Vossen und Witt, 2011].)

Das grundlegende Prinzip bei XML besteht darin, den Inhalt eines Dokuments mit Informationen über die Struktur des Dokuments anzureichern, so dass der Inhalt zu verschiedenen Zwecken weiterverarbeitet werden kann. Die Strukturinformation für einen Text bezieht sich dabei weniger auf die Schriftart oder die Schriftgröße (deren Festlegung oftmals einen Großteil eines HTML-Dokuments einnimmt), sondern auf den logischen Stellenwert innerhalb des Dokuments, wie etwa die Deklaration als Überschrift. Dadurch wird es den unterschiedlichen Verarbeitungsprogrammen wie Browser oder Suchmaschine überlassen, wie sie den so gekennzeichneten Text verarbeiten (graphisch auf dem Bildschirm darstellen oder signifikante Stichwörter heraussuchen).

XML legt fest, wie die Strukturierung von Dokumenten erfolgt, nämlich mit Hilfe von öffnenden und schließenden Begrenzersymbolen, die *Tags* (englisch ausgesprochen) genannt werden. Z. B. leitet in HTML das Tag `<h1>` eine Hauptüberschrift ein, die mit dem Tag `</h1>` abgeschlossen wird. Im Gegensatz zu HTML dürfen in XML beliebige, selbstgewählte Tag-Namen verwendet werden, wichtig ist nur die korrekte hierarchische Verschachtelung.

Das folgende Beispiel stellt eine Postadresse im XML-Format dar.

```
<adresse>
  <name>
    <vorname>
      Fritz
    </vorname>
    <nachname>
      Hamster
    </nachname>
  </name>
  <strasse>
    Wiesenweg 7
  </strasse>
  <ort>
    78333 Wahlwies
  </ort>
</adresse>
```

Bei dieser Darstellung der Adresse im XML-Format haben wir schon eine optische Strukturierung vorgenommen, wie sie für XML-Editoren typisch ist. Da XML-Hierarchien im Sinne der Graphentheorie immer eine Baumstruktur aufweisen, sind auch graphische Baum-Darstellungen üblich.

Da in XML die Verwendung von Tags konsequenter und strenger geregelt ist als in HTML, können Dokumente trotz der selbstgewählten Tag-Namen durch einen Parser auf ihre *Wohlgeformtheit* getestet werden, um rechtzeitig fehlerhafte Formulierungen zu erkennen. Im Wesentlichen muss dazu nur überprüft werden, ob auf jedes öffnende Tag ein schließendes Tag folgt, und dass keine Überlappungen (wie z. B. in `<a><b></a></b>`) vorkommen (vgl. auch Aufgabe 5, S. 138, über balancierte Klammerungen).

4.10.1 Dokument Type Definitions (DTDs)

Zu XML gehört ein Grammatikformalismus, mit dem man in Form von so genannten *Document Type Definitions* (*DTDs*) kontextfreie Grammatiken in einer der Erweiterten Backus-Naur-Form ähnlichen Syntax erstellen kann, um die Struktur einer Klasse von Dokumenten formal zu beschreiben. Eine DTD legt die erlaubten Tags fest und gibt Regeln an, wie sie verschachtelt werden dürfen. Dadurch kann mit einem Parser die *Gültigkeit* von Dokumenten bezüglich einer DTD-Grammatik festgestellt werden, um nicht nur die Wohlgeformtheit zu garantieren, sondern die Zulässigkeit zur Verarbeitung durch eine eingegrenzte Klasse von Softwaresystemen. Eine DTD kann mit einem Dokument zusammen verschickt werden, oder man gibt in dem Dokument nur ihre Internetadresse an, damit die DTD bei Bedarf von einer Software, die das Dokument verarbeitet, heruntergeladen werden kann. Wie bei einem Parsergenerator können die Grammatikregeln der DTD zur automatischen Erzeugung eines Parsers verwendet werden.

Wir wollen kurz darstellen, wie eine DTD-Grammatik formuliert wird. Die generelle Struktur einer DTD-Grammatik besteht aus einer Liste von Elementdefinitionen, deren syntaktischer Rahmen folgendermaßen aussieht:

`<!DOCTYPE` *DTD-Name* [*Liste von Elementdefinitionen*]`>`

Der vom Entwickler zu wählende DTD-Name dient in Anwendungen als Indentifikator der Grammatik. Die einzelnen Elementdefinitionen, die ohne

Trennsymbol aufgelistet werden, stellen die Grammatikregeln der DTD dar und haben die Form:

<!ELEMENT *Element-Name* (*Elementbeschreibung*)>

Elemente können zusätzlich durch Attribute näher spezifiziert werden, jedoch wollen wir hier nur die grammatikalische Struktur einer DTD behandeln und gehen deshalb auf diesen Aspekt nicht weiter ein.

Als Beispiel betrachten wir die folgende DTD, die die Form einer einfachen Bibliographie beschreibt:

```
<!DOCTYPE bib [
   <!ELEMENT bib (bibelement*)>
   <!ELEMENT bibelement (buch|artikel)>
   <!ELEMENT buch (autor+,titel,verlag,jahr)>
   <!ELEMENT artikel (autor+,titel,zeitschrift,jahr,seiten?)>
   <!ELEMENT autor (#PCDATA)>
   <!ELEMENT titel (#PCDATA)>
   <!ELEMENT verlag (#PCDATA)>
   <!ELEMENT jahr (#PCDATA)>
   <!ELEMENT zeitschrift (#PCDATA)>
   <!ELEMENT seiten (#PCDATA)>
]>
```

Ein typischer Eintrag der Bibliographie, deren logische Struktur durch diese DTD definiert wird, wäre z. B. die folgende Beschreibung eines Buchs (wobei der Schrifttyp und die Verwendung der Satzzeichen nicht durch die angegebene DTD vorgeschrieben werden):

Hopcroft, Motwani, Ullman, Introduction to Automata Theory, Languages and Computation, Addison-Wesley, 2001.

Die Element-Namen einer DTD sind die selbstgewählten Tag-Namen, die wie nichtterminale Symbole auf der linken Seite einer kontextfreien Grammatikregel stehen. Der Tag-Name `bib` der ersten Regel des Beispiels entspricht dem Startsymbol. Die Elementbeschreibung stellt die rechte Seite der Grammatikregel dar und besteht aus einem Ausdruck, der mit den von den regulären

Ausdrücken her bekannten Operationen Konkatenation oder Sequenz (dargestellt durch das Komma ,), Alternative (senkrechter Strich |) sowie drei Varianten der Verkettung, nämlich * für „nullmal oder öfter", + für „einmal oder öfter" und ? für „null- oder einmal" (Optionalität) gebildet wird. Ansonsten dürfen in den Ausdrücken der rechten Seite sowohl Tag-Namen (nichtterminale Symbole) als auch der Term #PCDATA verwendet werden. #PCDATA (Parsed Character Data) steht stellvertretend für einen beliebigen Textstring, der zwar geparst wird, in dem aber keine Tags vorkommen dürfen. Desweiteren sind runde Klammern als Strukturierungshilfe erlaubt, und es gelten die in regulären Ausdrücken üblichen Vorrangsregeln für die Operatoren.

Eine Literaturliste, die als einzigen Eintrag das oben erwähnte Buch enthält, würde in einer bezüglich der Beispiel-DTD gültigen XML-Darstellung folgendermaßen aussehen:

```
<bib> <bibelement> <buch> <autor> Hopcroft, </autor>
<autor> Motwani, </autor> <autor> Ullman, </autor>
<titel> Introduction to Automata Theory, Languages and
Computation, </titel> <verlag> Addison-Wesley, </verlag>
<jahr> 2001. </jahr> </buch> </bibelement> </bib>
```

Die Übersetzung einer DTD in eine Grammatik in Erweiterter Backus-Naur-Form kann in offensichtlicher Weise erfolgen. Als Beispiel geben wir eine EBNF-Regel für die erste Elementdefinition an:

$$\text{<bib>} ::= \{\text{<bibelement>}\}$$

Der Element-Name bib dient als Startsymbol, das #PCDATA müsste in EBNF durch einen Ausdruck der Form $\{a_1|a_2| \ldots |a_n\}$ ersetzt werden, wobei die a_i ($i = 1, ..., n$) terminale Symbole der EBNF-Grammatik darstellen und alle Symbole durchlaufen, die in einem Textstring erlaubt sind.

4.10.2 XML-Schemata

Der DTD-Grammatikformalismus ist in verschiedener Hinsicht nicht zufriedenstellend. Ein Nachteil ist z. B. die an die Erweiterte Backus-Naur-Form angelehnte Schreibweise, denn würde man für die Darstellung der Grammatiken den XML-Formalismus selbst verwenden, müssten Parser nicht zusätzlich noch die Regeln für die EBNF-ähnliche Syntax beherrschen. Auch die Einschränkung auf den einzigen Datentyp #PCDATA ist sehr restriktiv (wie die Elementdefinition für die Jahresangabe in dem Bibliographie-Beispiel deutlich macht), ist man doch von den Programmiersprachen her gewohnt, verschiedene vordefinierte Datentypen wie integer, string usw. sowie selbstdefinierte Datentypen zu verwenden. Diese und weitere Unzulänglichkeiten werden von den so genannten *XML-Schemata* beseitigt, die immer mehr die DTD-Spezifikation von XML-Dokumenten ablösen.

Das XML-Schema-Konzept umfasst das DTD-Konzept, deshalb ist es möglich, DTDs als XML-Schemata zu formulieren, man benötigt lediglich eine andere Schreibweise im XML-Format.

Z. B. werden die Wiederholungsoperatoren *, + und ? durch Bereichsangaben für die XML-Attribute minOccurs und maxOccurs realisiert.

Die erste Regel für die Bibliographie, die den Stern-Operator (nullmal oder öfter) enthält, könnte in einem XML-Schema folgendermaßen definiert werden:

```
<xs:element name="bib">
   <xs:complexType>
      <xs:element ref="bibelement"
                  minOccurs="0"
                  maxOccurs="unbounded"/>
   </xs:complexType>
</xs:element>
```

Elementdefinitionen haben immer einen Elementnamen (= linke Seite der „Grammatikregel") und eine Typangabe (= rechte Seite der „Grammatikregel"). Mit dem Wort ref kann auf eine Elementdefinition verwiesen werden, wie in dem Beispiel, wo auf die Definition der einzelnen Einträge der Bibliographie verwiesen wird (siehe unten). In Erweiterung zu den Möglichkeiten von DTDs können durch geeignete Wertepaare für minOccurs und maxOccurs beliebige Anzahlen von Vorkommen spezifiziert werden. Die Wertepaare 1, unbounded bzw. 0, 1 würden die nichtleere Folge bzw. die Optionalität ergeben. Das Präfix xs: bezeichnet den Namensraum des Schemas.

Die Operatoren für die Sequenz (das Komma ,) und die Alternative (der senkrechte Strich |) werden durch die XML-Tags <sequence> bzw. <choice>

realisiert. Als Beispiel formulieren wir die zweite Regel der Bibliographie-DTD als Definition eines selbstdefinierten Typs im Schema-Format:

```xml
<xs:element name="bibelement">
   <xs:complexType>
      <xs:choice>
         <xs:element ref="buch"/>
         <xs:element ref="artikel"/>
      </xs:choice>
   </xs:complexType>
</xs:element>
```

An denjenigen Stellen in einer DTD, an denen das unspezifische #PCDATA steht, können in einem XML-Schema vordefinierte Datentypen verwendet werden. Dies zeigt die folgende Regel für die Struktur eines Buchs.

```xml
<xs:element name="buch">
   <xs:complexType>
      <xs:sequence>
         <xs:element name="autor"
                     type="xs:string"
                     minOccurs="1"
                     maxOccurs="unbounded"/>
         <xs:element name="titel"
                     type="xs:string"/>
         <xs:element name="verlag"
                     type="xs:string"/>
         <xs:element name="jahr"
                     type="xs:gYear"/>
      </xs:sequence>
   </xs:complexType>
</xs:element>
```

Das Element buch ist ein komplexer Typ (complexType), dagegen sind autor, titel, verlag und jahr einfache Typen, die keine weiteren Elemente enthalten. Es gibt 19 vordefinierte primitive Datentypen für XML-Schemata, z. B. für Zahlen, Strings, Zeit- und Datumsangaben. Darunter ist auch der Datentyp gYear, der ein Jahr des Gregorianischen Kalenders bezeichnet.

4.10.3 Mehrdeutigkeiten in DTDs und XML-Schemata

Wir wollen unsere Betrachtung des XML-Formalismus mit einer Bemerkung zur Mehrdeutigkeit von DTDs bzw. XML-Schemata abschließen.

Da ein XML-Dokument zusätzlich zum eigentlichen Inhalt eine Codierung des zugehörigen Parsebaums enthält, dessen Struktur mit Hilfe der Tags festgelegt ist, werden im XML-Formalismus von vornherein viele Quellen für Mehrdeutigkeiten verhindert (vgl. Aufgabe 9).

Trotzdem können DTDs und XML-Schemata Mehrdeutigkeiten aufweisen, wie z. B. in einer Elementdefinition der folgenden Form:

```
<!ELEMENT x (a*,b | b,c*)>
```

Bezüglich dieser Regel ergeben sich zwei Deutungsmöglichkeiten für den Ausdruck `<x><b>` *b-text* `</b></x>`: der Inhalt *b-text* könnte als „Abschluss einer leeren a-Folge" oder als „Einleitung einer leeren c-Folge" interpretiert werden.

Für DTDs bzw. XML-Schemata wird gefordert, dass beim Lesen eines gültigen XML-Dokuments von links nach rechts pro gelesenem öffnendem Tag immer in eindeutiger Weise vorgegeben ist, wie beim Abarbeiten der rechten Seite der zugehörigen Elementdefinition zu verfahren ist. Im Zusammenhang mit kontextfreien Grammatiken wird diese Forderung als *LL(1)-Eigenschaft* bezeichnet, die besagt, dass für jedes nichtterminale Symbol X ein terminales Symbol a, das aus X bei einer Linksableitung der Form $X \stackrel{*}{\Rightarrow} a\beta$ entsteht, eindeutig ist.

LL(1)-Grammatiken sind eindeutig und man kann aus ihnen in direkter Weise Top-Down-Parser generieren, die ohne Backtracking auskommen. Ob eine kontextfreie Grammatik die LL(1)-Bedingung erfüllt, ist entscheidbar, so dass diese Eigenschaft automatisch überprüft werden kann. Allerdings kann eine Grammatik, die die LL(1)-Bedingung nicht erfüllt, nicht in automatischer Weise in eine Grammatik mit LL(1)-Eigenschaft umgewandelt werden, so dass diese Aufgabe vom Entwickler per Hand erledigt werden muss. (Eine ausführliche Darstellung dieser Thematik findet sich z. B. in [Sethi et al., 2008].)

Übungen

1. Geben Sie für jede der folgenden Sprachen L über dem Alphabet $\{a,b\}$ bzw. $\{a,b,c\}$ eine kontextfreie Grammatik G an mit $L(G) = L$:

   a) $L = \{a^n b^m \mid m \geq n,\ n \geq 1\}$
   b) $L = \{a^n b^n \mid n \geq 1\} \cup \{a^n b^{2n} \mid n \geq 1\}$
   c) $L = \{a^n b^m a^{n+m} \mid n, m \geq 1\}$
   d) $L = \{a^{2n} b^m \mid n \geq 1,\ m \geq n\}$
   e) $L = \{a^i b^j \mid i, j \geq 1 \text{ und } i \neq j\}$
   f) $L = \{a^i b^j c^k \mid i+j \geq 1 \text{ und } k \leq i+j\}$
   g) $L = \{a^i b^j c^k \mid i, j, k \geq 1 \text{ und } i = 2j \text{ oder } k = 2j\}$

2. Gegeben sei das Alphabet $\{a, b\}$. Wörter, die von vorne und von hinten gelesen gleich sind, heißen *Palindrome*. Die Wörter *aababaa*, *aaaaa* und ε sind z. B. Palindrome.

   a) Geben Sie eine kontextfreie Grammatik an für die Sprache, die aus allen Palindromen über V besteht.
   b) Begründen Sie, warum diese Sprache nicht durch einen deterministischen Kellerautomaten erkannt werden kann.

3. Gegeben sei die folgende Grammatik G für Boolesche Ausdrücke:

   $BExpr \rightarrow BExpr$ or $BTerm \mid BTerm$
   $BTerm \rightarrow BTerm$ and $BFactor \mid BFactor$
   $BFactor \rightarrow$ not $BFactor \mid ($ $BExpr$ $) \mid$ true $\mid$ false

   $V_N = \{BExpr, BTerm, BFactor\}$
   $V_T = \{\text{or,and,not,(,),true,false}\}$

   a) Geben Sie einen Ableitungsbaum für den Ausdruck
      `not (false and not (true or false))` an.

b) Konstruieren Sie aus G einen Kellerautomaten, der die Menge der Booleschen Ausdrücke erkennt. Sie können die Variablen *BExpr*, *BTerm* und *BFactor* mit E, T bzw. F abkürzen.

c) Beschreiben Sie die einzelnen Schritte, die der Kellerautomat beim Erkennen des Ausdrucks `not (true or false)` ausführt.

4. Geben Sie eine kontextfreie Grammatik $G = (V_N, V_T, P, S)$ mit dem Terminalalphabet $V_T = \{\emptyset, \varepsilon, a, b, (,), |, *\}$ für die Menge der regulären Ausdrücke über dem Alphabet $\{a, b\}$ an.

5. Eine endliche Folge von Klammern heißt *balanciert*, falls zu jeder linken Klammer eine zugehörige rechte Klammer existiert, und wenn die Klammer-Paare korrekt geschachtelt sind (vgl. [Kozen, 1997]).

   Die folgende kontextfreie Grammatik erzeugt die Sprache, die aus nichtleeren balancierten Klammerfolgen besteht:

   $G = (\{S\}, \{[,]\}, P, S)$ mit

   $P: \quad S \rightarrow [S]$
   $ S \rightarrow [\ ]$
   $ S \rightarrow SS$

   a) Geben Sie einen Ableitungsbaum an für die Folge

      `[ [ [ [ ] ] [ ] [ ] ] [ ] ] [ ] [ ] ]`

   b) Geben Sie eine Chomsky-Normalform für diese Grammatik an.

   c) Geben Sie einen Kellerautomaten für diese Sprache an.

6. Gegeben sei die Grammatik $G = (\{S, X, Y\}, \{[,]\}, P, S)$ mit

   $P: \quad S \rightarrow SX$
   $ S \rightarrow [S]$
   $ S \rightarrow [\ ]$
   $ X \rightarrow SX$
   $ X \rightarrow [Y$
   $ Y \rightarrow]$

   Zeigen Sie, dass diese Grammatik mehrdeutig ist.

7. Arithmetische Ausdrücke mit Minuszeichen wie z. B. 9 - 4 - 3 könnte man mit den folgenden beiden Regelpaaren erzeugen:

$A1:$ $Ausdruck \rightarrow Ausdruck - Ausdruck$
   $Ausdruck \rightarrow Zahl$

oder

$A2:$ $Ausdruck \rightarrow Ausdruck - Zahl$
   $Ausdruck \rightarrow Zahl$

Welche der beiden Mööglichkeiten ist geeignet, um die übliche linksassoziative Lesart mit (9 - 4) - 3 = 2 ohne Verwendung von Klammern korrekt darzustellen? (Die andere Lesart wäre 9 - (4 - 3) = 8.)

8. Gegeben sei das folgende Fragment einer kontextfreien Grammatik zur Beschreibung deutschsprachiger Sätze:

$G = (\{S, NP, VP, PP, N, V, P, A\}, \{Peter, Mann, Fernglas,$
   $beobachtet, den, mit, dem\}, P, S)$

mit

$P:$ $S \rightarrow NP\ VP$ $N \rightarrow Peter$
   $NP \rightarrow A\ N$ $N \rightarrow Mann$
   $NP \rightarrow N$ $N \rightarrow Fernglas$
   $NP \rightarrow NP\ PP$ $V \rightarrow beobachtet$
   $VP \rightarrow V\ NP$ $P \rightarrow mit$
   $VP \rightarrow V$ $A \rightarrow den$
   $VP \rightarrow V\ NP\ PP$ $A \rightarrow dem$
   $PP \rightarrow P\ NP$

Zur besseren Veranschaulichung verbinde man die Variablen mit den folgenden Bedeutungen:

S: Satz N: Nomen
NP: Nominalphrase V: Verb
VP: Verbalphrase P: Präposition
PP: Präpositionalphrase A: Artikel

a) Zeigen Sie, dass die Grammatik G mehrdeutig ist, indem Sie zwei verschiedene Ableitungsbäume angeben für den Satz

Peter beobachtet den Mann mit dem Fernglas

b) Kann aus der Mehrdeutigkeit der angegebenen Grammatik gefolgert werden, dass die deutsche Sprache inhärent mehrdeutig ist? Begründen Sie Ihre Antwort!

9. Mit Hilfe der folgenden beiden Grammatiken wollen wir zeigen, wie gewisse Mehrdeutigkeiten mit Hilfe der Verwendung von geeigneten Tags in der Sprache XML verhindert werden können.

a) Gegeben sei die Grammatik $G_1 = (\{\mathit{Tree, Left, Right}\},\{\mathtt{a}\}, P_1, \mathit{Tree})$ mit

P_1:   *Tree* $\rightarrow$ *Left* | *Right* | *Left Right* | a
       Left $\rightarrow$ *Tree*
       Right $\rightarrow$ *Tree*

Zeigen Sie, dass die Grammatik G_1 mehrdeutig ist, indem Sie für das Wort **aa** zwei verschiedene Ableitungsbäume angeben.

b) G_2 sei eine Grammatik mit der Variablenmenge $\{\mathit{Tree, Left, Right}\}$, der Menge von 7 terminalen Symbolen $\{\mathtt{<Tree>},\mathtt{</Tree>},\mathtt{<Left>},$ $\mathtt{</Left>},\mathtt{<Right>},\mathtt{</Right>},\mathtt{a}\}$, dem Startsymbol *Tree* sowie der Menge von Produktionen

P_2:   *Tree* $\rightarrow$ `<Tree>` *Left* `</Tree>`
              | `<Tree>` *Right* `</Tree>`
              | `<Tree>` *Left Right* `</Tree>`
              | `<Tree>` a `</Tree>`
      Left $\rightarrow$ `<Left>` *Tree* `</Left>`
      Right $\rightarrow$ `<Right>` *Tree* `</Right>`

Geben Sie einen Ableitungsbaum für das Wort

```
<Tree> <Left> <Tree> a </Tree> </Left>
<Right> <Tree> a </Tree> </Right> </Tree>
```

in der Grammatik G_2 an.

10. Geben Sie für die DTD-Elementdefinition

    ```
    <!ELEMENT x (a*,b | b,c*)>
    ```

    eine kontextfreie Grammatik in Theorie-orientierter Form (Regeln mit $\rightarrow$ -Schreibweise) an, die dasselbe leistet und die eindeutig ist.

11. Mit Grammatiken kann man das künstliche Erzeugen von pflanzenartigen Strukturen auf dem Bildschirm (oder auf dem Papier) beschreiben. (In [Lindenmayer und Prusinkiewicz, 1990] wird eine allgemeine Theorie für solche Graphiken dargestellt, die mit Hilfe von so genannten *L-Systemen* in vielfältiger Form erzeugt werden können. Die Mengen der L-Systeme und der kontextfreien Grammatiken haben einen nichtleeren Durchschnitt, was wir in dieser Aufgabe ausgenützt haben.)

    Die folgende kontextfreie Grammatik

    $G = (\{S, X\}, \{\text{F},+,-,[,]\}, P, S)$ mit

    $$P: \begin{array}{l} S \rightarrow XX\,[\text{+}S]\,[\text{-}S]\,XXS \\ S \rightarrow \text{F} \\ X \rightarrow XX \\ X \rightarrow \text{F} \end{array}$$

    erzeugt eine einfache verzweigende Struktur.

    Das Alphabet der terminalen Symbole besteht aus Anweisungen einer Turtle-Graphik (engl. turtle = Schildkröte), mit der man graphische Darstellungen mit Hilfe programmierter Bewegungen einer Turtle auf dem Bildschirm erzeugt. Der Zustand der Turtle ist definiert durch eine

Position auf dem Bildschirm und eine Richtung, die durch einen Winkel vorgegeben ist.

Die terminalen Symbole der hier gegebenen Grammatik sollen folgendermaßen interpretiert werden:

F (*forward*) Gehe um eine Längeneinheit geradeaus weiter und hinterlasse auf dem zurückgelegten Weg einen Strich.

+ drehe die aktuelle Richtung der Turtle um 45 Grad nach links.

- drehe die aktuelle Richtung der Turtle um 45 Grad nach rechts.

[(*push*) Sichere den aktuellen Zustand der Turtle (bestehend aus Position und Richtung) auf einen Stack.

] (*pop*) hole den obersten Zustand vom Stack und mache ihn zum aktuellen Zustand der Turtle. Springe dabei von der vorhergehenden Position zur neuen Position ohne eine Linie zu zeichnen.

Lösen Sie die folgenden Aufgaben:

a) Zeichnen Sie den Ableitungsbaum, der in der folgenden Weise entsteht:

Wenden Sie die erste Regel auf S an. Dann wenden Sie die dritte Regel jeweils auf die vier X und die erste Regel jeweils auf die drei neu entstandenen S an. Anschließend leiten Sie aus den verbliebenen Variablen direkt terminale Symbole ab.

b) Geben Sie das Wort w an, das so erzeugt wurde und das nur noch aus terminalen Symbolen besteht (zur Kontrolle: w enthält 29 mal das Symbol F).

c) Zeichnen Sie die Graphik, die durch das Wort w beschrieben wird. Beginnen Sie dabei auf einer beliebigen Position auf Ihrem Papier, so dass etwas Platz nach oben ist. Die Richtung weise zu Beginn nach oben. Als Längeneinheit ist 0,5 cm gut geeignet.

d) Eine der folgenden Pflanzen wurde nach dem Prinzip dieser Aufgabe gezeichnet. Welche ist das?

Kapitel 5

Turingmaschinen

Aufgrund des eingeschränkten Speicherzugriffs sind Kellerautomaten nicht in der Lage, Sprachen wie $\{0^n1^n2^n \mid n \geq 1\}$ zu erkennen, sie können lediglich zwei Anzahlen auf Übereinstimmung prüfen. Dabei wird die Information über die Anzahl aus dem Kellerspeicher gelöscht und steht anschließend für den Vergleich mit einer dritten Anzahl nicht mehr zur Verfügung.

Die Aufhebung des eingeschränkten Speicherzugriffs führt zur Verwendung eines Speichers mit wahlfreiem Zugriff, bei dem jede beliebige Stelle direkt bearbeitet werden kann, wie wir es vom Hauptspeicher oder von der Festplatte eines Computers gewohnt sind.

Man erhält das Automatenmodell der *Turingmaschine*, mit dem man genau die Typ-0-Sprachen erkennen kann (benannt nach dem englischen Mathematiker Alan M. Turing (1912-1954), der grundlegende Erkenntnisse zum Verständnis der maschinellen Verarbeitung von Sprachen beigetragen und 1936 dieses Automatenmodell vorgestellt hat). Eine spezielle Art von Turingmaschinen sind die *Linear beschränkten Automaten*, die das Erkennungsmodell der kontextsensitiven Sprachen darstellen.

Wir werden zunächst das Konzept der Turingmaschine vorstellen und zeigen, wie mit Turingmaschinen Sprachen erkannt werden. Da Turingmaschinen generell die Arbeitsweise heutiger Rechner abstrahieren, werden wir ihre Verwendung als Algorithmenmodell zur Berechnung von Funktionen darstellen. Wir wollen dann einen Einstieg in die Komplexitätstheorie vermitteln und aufzeigen, wie Effizienzbetrachtungen bei Algorithmen zur Lösung von Problemen mit Hilfe von Turingmaschinen durchgeführt werden können.

5.1 Arbeitsweise von Turingmaschinen

Es gibt viele verschiedene Definitionen der Turingmaschine, die aber alle äquivalent sind. Für unsere Zwecke hat sich die folgende Version, die auch als *einfache Turingmaschinen* bezeichnet werden, als sinnvoll erwiesen:

Wir legen den Speicher und das Eingabeband zusammen und verwenden ein einziges Speicherband, das sowohl zur Eingabe als auch zur Abspeicherung von Information verwendet wird. Das Band sei auf beiden Seiten unbeschränkt. Ein Lese-/Schreibkopf kann die einzelnen Felder lesen und beschriften, und er kann sich sowohl nach links als auch nach rechts bewegen.

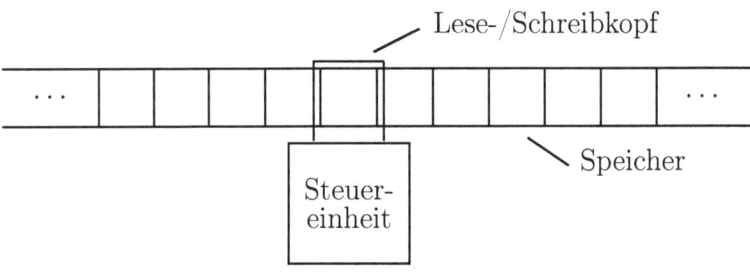

Abarbeitung von Eingabewörtern:

- Das zu bearbeitende Wort steht auf dem Speicherband, das ansonsten leer ist. Die Turingmaschine beginnt auf dem ersten Zeichen des Eingabeworts, wobei sich die Steuereinheit im Anfangszustand befindet. Bei Eingabe des Leerworts ε erfolgt der Start auf einem beliebigen Feld.

- Es wird eine Folge von Arbeitsschritten ausgeführt, die jeweils vom augenblicklichen Zustand und dem gelesenen Zeichen abhängen. Dabei wird pro Arbeitsschritt eine der folgenden drei Aktionen ausgeführt:

    (R) Bewegung des Lese-/Schreibkopfs um ein Feld nach rechts

    (L) Bewegung des Lese-/Schreibkopfs um ein Feld nach links

    (t) Überschreiben des gelesenen Zeichens mit dem Zeichen t

- Das Eingabewort wird von der Turingmaschine erkannt, wenn sie nach endlich vielen Schritten im (einzigen) Endzustand stoppt.

5.1 Arbeitsweise von Turingmaschinen

Wir wollen zunächst nur deterministische Turingmaschinen betrachten, denn das Konzept der nichtdeterministischen Turingmaschinen ist wie bei den endlichen Automaten gleichmächtig zu dem Konzept der deterministischen Turingmaschinen (siehe z. B. [Schöning, 2008]).

Definition: (Turingmaschine)

Eine (*deterministische*) *Turingmaschine* ist ein 5-tupel $M = (Z, V, \delta, q_A, q_E)$ mit

1. Z, V sind endliche, nichtleere Mengen,
   Z heißt *Zustandsmenge*, V heißt *Maschinenalphabet*.
2. $\delta : (Z \setminus \{q_E\}) \times (V \cup \{\flat\}) \to Z \times (V \cup \{\flat\} \cup \{L, R\})$,
   δ heißt *Überführungsfunktion*.
   Das Zeichen $\flat$ steht für das Blank (Leerzeichen).
   Beachte: M kann das Blank lesen und schreiben!
   L steht für „Links", R steht für „Rechts".
3. $q_A \in Z$, $q_E \in Z$, $q_A \neq q_E$,
   q_A ist der *Anfangszustand*, q_E der *Endzustand*.

Abkürzung: δ definiert eine endliche Menge von Anweisungen $\delta(q, a) = (q', \alpha)$, für die wir die folgende Schreibweise verwenden:

$$q\, a \mapsto q'\, \alpha$$

(Liest M im Zustand q das Zeichen a, so geht M in den Zustand q' über und führt die Aktion α aus, wobei α Schreiben, Linksschritt oder Rechtsschritt sein kann.)

Das Überschreiben eines vom Blank verschiedenen Zeichens mit dem Blank entspricht dem Löschen des Zeichens.

Eine Turingmaschine stoppt, falls sie im Zustand q mit dem Lese-/Schreibkopf auf dem Zeichen a steht und falls für das Paar (q, a) keine Anweisung existiert. Dies ist gemäß Definition immer der Fall, wenn $q = q_E$ ist. Da δ nicht als total vorausgesetzt wird, kann dies aber auch für andere Paare $(q, a) \in (Z \setminus \{q_E\}) \times (V \cup \{\flat\})$ vorkommen.

Eine Turingmaschine muss nicht stoppen. Sie könnte beispielsweise mit den beiden Anweisungen $q_1\ a \mapsto q_2\ R$ und $q_2\ a \mapsto q_1\ L$ immer hin- und herspringen ohne anzuhalten, falls sie im Zustand q_1 auf das erste von zwei nebeneinander stehenden a gerät. Dies ist nicht verwunderlich, denn sonst wären Erkennungsprozesse mit Turingmaschinen immer abbrechende Verfahren und damit Entscheidungsverfahren, und nach dem Diagramm aus Abschnitt 2.2 gäbe es dann aufzählbare Sprachen, die nicht von Turingmaschinen erkannt werden könnten.

5.2 Erkennung von Sprachen durch Turingmaschinen

Ein Wort wird erkannt, wenn die Turingmaschine in der vorgeschriebenen Weise startet und nach endlich vielen Schritten im Endzustand stoppt. Dabei ist völlig irrelevant, in welcher Weise das Wort gelesen oder verändert wird. Dies drückt die folgende Definition aus:

Definition: (Von Turingmaschinen erkannte Sprache)

Sei $M = (Z, V, \delta, q_A, q_E)$ eine Turingmaschine. Das Wort $x \in V^*$ sei auf das sonst leere Speicherband geschrieben. Der Automat starte mit dem Lese-/Schreibkopf auf dem ersten Zeichen des Eingabeworts im Anfangszustand, bzw. auf einem beliebigen Feld, falls $x = \varepsilon$. Diese Anordnung wird als *Anfangskonfiguration* bezeichnet.

Das Wort x wird von M *erkannt* (*akzeptiert*), falls M ausgehend von der Anfangskonfiguration nach endlich vielen Schritten im Endzustand stoppt.

Die von M *erkannte* (*akzeptierte, dargestellte*) *Sprache* ist die Menge

$$T(M) = \{x \in V^* |\ x \text{ wird von } M \text{ erkannt}\}.$$

Wir wollen anhand von Beispielen das Erkennen von Sprachen durch Turingmaschinen demonstrieren.

Beispiel 1:

Gegeben seien das Alphabet $V = \{a, b, c\}$ und die Sprache $L \subseteq V^*$, die aus allen Wörtern besteht, die mit beliebig vielen a beginnen und mit b oder c enden. (L kann durch den regulären Ausdruck $a^*(b \mid c)$ beschrieben werden.) Wir wollen eine Turingmaschine M angeben, die L erkennt:

M sei gegeben durch $M = (\{q_A, q_1, q_E\}, \{a, b, c\}, \delta, q_A, q_E)$ mit

$$\begin{aligned}
\delta: \quad q_A\, a &\mapsto q_A\, R \\
q_A\, b &\mapsto q_1\, R \\
q_A\, c &\mapsto q_1\, R \\
q_1\, \flat &\mapsto q_E\, \flat
\end{aligned}$$

M erkennt z. B. das Wort $aaac$ in der folgenden Weise:

$$\begin{array}{c}
\cdots \mid \flat \mid a \mid a \mid a \mid c \mid \flat \mid \cdots \\
q_A \cdots \Rightarrow q_A \\
\Rightarrow q_1 \\
\Downarrow \\
q_E
\end{array}$$

Man sieht deutlich, dass diese Turingmaschine genauso arbeitet wie ein endlicher Automat, sie muss nur zusätzlich das Ende des Worts feststellen. Deshalb muss sie nach dem Erkennen eines b oder c hinter einem a-Block noch einen Schritt nach rechts machen, um nachzuprüfen, ob eventuell weitere Zeichen folgen. Eine solche Situation liegt bei dem Wort $aaacc$ vor, bei dem die Turingmaschine nicht in den Endzustand gelangt:

$$\begin{array}{c}
\cdots \mid \flat \mid a \mid a \mid a \mid c \mid c \mid \flat \mid \cdots \\
q_A \cdots \Rightarrow q_A \\
\Rightarrow q_1
\end{array}$$

Beispiel 2:

Wir wollen eine Turingmaschine M angeben, die die kontextsensitive Sprache $L = \{0^n 1^n 2^n \mid n \geq 1\}$ erkennt, die von Kellerautomaten nicht erkannt werden kann (siehe die Bemerkung am Anfang dieses Kapitels).

M arbeitet nach dem folgenden allgemeinen Prinzip:

Lösche die erste 0,
überschreibe die letzte 1 mit 2,
lösche die beiden letzten 2en
und beginne von vorne.

Auf diese Weise wird ein Wort $0^n 1^n 2^n$ zu dem Wort $0^{n-1} 1^{n-1} 2^{n-1}$ reduziert und der Vorgang solange wiederholt, bis alle Zeichen gelöscht sind.

M ist gegeben durch

$$M = (\{q_A, q_1, q_2, q_3, q_4, q_5, q_6, q_7, q_8, q_E\}, \{0, 1, 2\}, \delta, q_A, q_E)$$

mit

δ:				
q_A 0	$\mapsto$	q_1 ♭	lösche die erste 0
q_1 ♭	$\mapsto$	q_2 R	ein Feld nach rechts
q_2 0	$\mapsto$	q_2 R	nach rechts zur ersten 1
q_2 1	$\mapsto$	q_2 R	nach rechts zur ersten 2
q_2 2	$\mapsto$	q_3 L	zurück zur letzten 1
q_3 1	$\mapsto$	q_4 2	überschreibe die letzte 1 mit 2
q_4 2	$\mapsto$	q_4 R	nach rechts zum ersten ♭
q_4 ♭	$\mapsto$	q_5 L	zurück zur letzten 2
q_5 2	$\mapsto$	q_5 ♭	⎫
q_5 ♭	$\mapsto$	q_6 L	⎬ lösche die letzten beiden 2en
q_6 2	$\mapsto$	q_6 ♭	⎬ den 2en
q_6 ♭	$\mapsto$	q_7 L	⎭
q_7 ♭	$\mapsto$	q_E ♭	← alle 0,1,2 gelöscht: Erfolg!
q_7 2	$\mapsto$	q_8 L	⎫
q_8 2	$\mapsto$	q_8 L	⎬
q_8 1	$\mapsto$	q_8 L	⎬ beginne von vorne
q_8 0	$\mapsto$	q_8 L	⎬
q_8 ♭	$\mapsto$	q_A R	⎭

Allgemeine Turingmaschinen erkennen genau die Typ-0 bzw. die rekursiv aufzählbaren Sprachen. Die kontextsensitiven Sprachen werden durch nichtdeterministische *linear beschränkte Automaten* erkannt, das sind Turingmaschinen, die nur den Speicherplatz benötigen, der durch die Eingabe belegt ist. Wir wollen diese Zusammenhänge hier nicht beweisen, denn im Gegensatz zu den regulären und kontextfreien Sprachen ergibt die Konstruktion einer Turingmaschine aus einer Typ-0-Grammatik keinen für die Praxis wichtigen Algorithmus. (Entsprechende Beweise finden sich z. B. in [Hopcroft und Ullman, 2000], [Schöning, 2008] oder [Wegener, 1999].)

Die in den Beispielen betrachteten Turingmaschinen sind linear beschränkte Automaten. Da die zugehörigen Sprachen kontextsensitiv sind, ist dies auch ausreichend. Beispiele für Sprachen, die nicht kontextsensitiv sind, sind schwieriger und für unsere Zwecke nicht interessant, deshalb verweisen wir auf die Literatur (z. B. [Schöning, 2008], [Wegener, 1999]).

Für kontextsensitive Sprachen könnte man Compiler entwickeln, denn die kontextsensitiven Sprachen sind entscheidbar, wie man aus dem Diagramm in Abschnitt 2.2 ersehen kann. Allerdings sind die entsprechenden auf linear beschränkten Automaten basierenden Algorithmen so aufwändig, dass sie als Parser in der Praxis nicht geeignet sind. Wie wir in Kapitel 4 diskutiert haben, können Programmiersprachen hinreichend befriedigend kontextfrei formuliert werden.

5.3 Turing-Berechenbarkeit von Funktionen

Computerprogramme sind auf Rechnern ausführbare Algorithmen: Abhängig von einer Eingabe, die sich aus einzelnen Eingabeteilen vor und während des Programmlaufs zusammensetzt, wird nach einer endlichen Folge von elementaren Programmschritten eine eventuell ebenfalls aus Einzelteilen bestehende Ausgabe geliefert, oder das Programm gerät in eine unendliche Schleife. Etwas abstrakter bedeutet dies, dass jedes Computerprogramm eine Funktion aus der Menge der zulässigen Eingaben in die Menge der möglichen Ausgaben realisiert, wobei die Funktion partiell sein kann, d.h. sie braucht nicht für alle Eingaben definiert zu sein.

Dieser Sachverhalt wird durch die folgende Definition beschrieben, wobei die Rolle der Algorithmen bzw. der Programme von Turingmaschinen übernommen wird. Die Definition stellt eine grundlegende Präzisierung des Begriffs der *Berechenbarkeit* von Funktionen dar, die es erlaubt, die Begriffe Computerprogramm und Turingmaschine als verschiedene Ausprägungen des intuitiven Konzepts der Algorithmen aufzufassen.

Definition: (Turing-berechenbar)

Eine n-stellige Funktion $f : (V^+)^n \to V^*$ $(n \geq 1)$ heißt *Turing-berechenbar*, wenn es eine Turingmaschine M gibt, für die folgendes gilt:

Schreibt man auf das sonst leere Band die Argumente $x_1,...,x_n$, jeweils getrennt durch ein Blank

$$ ... \flat \flat\; x_1 \;\flat\; x_2 \;\flat\; ... \;\flat\; x_n \;\flat\; \flat\; ... $$

und setzt man M auf das erste Zeichen von x_1 an, so stoppt M nach endlich vielen Schritten im Endzustand, und auf dem Band steht dann ausschließlich der Funktionswert

$$ ... \flat \flat\; f(x_1,...,x_n) \;\flat\; \flat\; ... $$

f kann *partiell* oder *total* sein: f partiell bedeutet, dass f nicht für jedes n-tupel von Wörtern über V definiert sein muss, was bei totalem f der Fall ist. Falls f für ein n-tupel von Argumenten nicht definiert ist, soll M entweder unendlich weiterlaufen oder in einem vom Endzustand verschiedenen Zustand stoppen.

Alle anderen bisher erfolgten Präzisierungen des Begriffs der Berechenbarkeit einer Funktion haben sich als gleichmächtig zu dem Begriff der Turing-Berechenbarkeit erwiesen, in dem Sinne, dass genau dieselbe Klasse von Funktionen erfasst wird. Deshalb formulierte Alonzo Church (1903-1995) im Jahr 1936 die als *Churchsche These* bekannte Hypothese, dass die Klasse der intuitiv berechenbaren Funktionen mit der Klasse der Turing-berechenbaren Funktionen übereinstimmt (vgl. [Sipser, 2006], [Wegener,1993]).

5.3 Turing-Berechenbarkeit

Wir wollen zwei einfache Beispiele für die Berechnung mathematischer Funktionen durch Turingmaschinen vorstellen.

Beispiel: (Berechnung der Nachfolgerfunktion für natürliche Zahlen)

Die Nachfolgerfunktion für natürliche Zahlen ordnet jeder Zahl die nächstgrößere Zahl zu: $s(n) = n+1$.

Wir verwenden die unäre Darstellung für natürliche Zahlen, bei der die Zahl n jeweils durch $n+1$ Einsen dargestellt wird.

Die Nachfolgerfunktion $s(n)$ wird von der folgenden Turingmaschine M berechnet, die an eine beliebige Folge von Einsen eine weitere Eins anfügt:

$M = (\{q_A, q_E\}, \{1\}, \delta, q_A, q_E)$ mit

$\delta: \quad q_A \; 1 \;\; \mapsto \;\; q_A \; R$
$ \quad q_A \; \flat \;\; \mapsto \;\; q_E \; 1$

Beispiel: (Berechnung der Summe zweier natürlicher Zahlen)

Auch für dieses Beispiel verwenden wir die unäre Darstellung für natürliche Zahlen. Werden die Zahlen x_1 durch i Einsen und x_2 durch j Einsen repräsentiert, so besteht die Summe x_1+x_2 aus insgesamt $i+j-1$ Einsen. Wir erhalten das Resultat, indem wir das Blank zwischen den Eingabezahlen durch eine Eins ersetzen (damit werden die beiden Eins-Folgen zusammengefügt) und zwei Einsen am Ende löschen.

M sei gegeben durch $M = (\{q_A, q_1, q_2, q_3, q_E\}, \{1\}, \delta, q_A, q_E)$ mit

$\delta: \quad q_A \; 1 \;\; \mapsto \;\; q_A \; R \qquad$ nach rechts zum $\flat$ zwischen x_1 und x_2
$ \quad q_A \; \flat \;\; \mapsto \;\; q_1 \; 1 \qquad$ ersetze $\flat$ durch 1
$ \quad q_1 \; 1 \;\; \mapsto \;\; q_1 \; R \qquad$ nach rechts über alle 1en hinweg
$ \quad q_1 \; \flat \;\; \mapsto \;\; q_2 \; L \qquad$ zurück auf letzte 1
$ \quad q_2 \; 1 \;\; \mapsto \;\; q_2 \; \flat \qquad$ lösche letzte 1
$ \quad q_2 \; \flat \;\; \mapsto \;\; q_3 \; L \qquad$ zurück auf vorletzte 1
$ \quad q_3 \; 1 \;\; \mapsto \;\; q_E \; \flat \qquad$ lösche vorletzte 1 und stoppe

Mit einer ähnlichen Argumentation wie in Kapitel 1 kann man schnell sehen, dass es Funktionen geben muss, die nicht Turing-berechenbar sind, und dass der Anteil der Turing-berechenbaren Funktionen an der Menge der existierenden Funktionen sehr gering ist.

Denn einerseits gibt es nur abzählbar viele Programme einer Programmiersprache, die also nur abzählbar viele Funktionen berechnen können. Andererseits gibt es schon überabzählbar viele zahlentheoretische Entscheidungsfunktionen der Form $f : I\!N \rightarrow \{0,1\}$. Diese Funktionen sind nämlich durch den Werteverlauf charakterisiert, der eine unendliche 0-1-Folge darstellt. Die unendlichen 0-1-Folgen können als Folge der Nachkommastellen von reellen Zahlen des Intervalls (0,1) in Binärdarstellung interpretiert werden, und davon gibt es bekanntlich überabzählbar viele (siehe Abschnitt 1.2.1).

Funktionen, die nicht Turing-berechenbar sind, sind trotz ihrer großen Anzahl nicht einfach zu charakterisieren. Deshalb wollen wir für Beispiele solcher Funktionen auf die Literatur verweisen (siehe z. B. [Wegener, 1999], [Schöning, 2008]).

Für die Informatik ist nicht nur interessant, welche Probleme durch den Computer gelöst werden können, sondern auch welchen Aufwand Programme zu ihrer Lösung betreiben müssen. Diese Problematik wird in der Komplexitätstheorie untersucht, in die wir im nächsten Abschnitt eine kurze Einführung geben wollen.

5.4 Komplexitätsuntersuchungen mit Hilfe von Turingmaschinen

Die *Komplexitätstheorie* beschäftigt sich hauptsächlich damit, die Leistungsfähigkeit von Computerprogrammen zu analysieren und Problemstellungen gemäß des Aufwands, der zu ihrer Lösung durch ein Computerprogramm nötig ist, zu klassifizieren.

Der Aufwand zur Lösung eines Problems auf dem Computer kann unter verschiedenen Gesichtspunkten charakterisiert werden, von denen der Speicherplatzbedarf und die Laufzeit die wichtigsten sind. Wir wollen uns für eine Einführung in dieses Thema auf die Analyse der Laufzeit beschränken.

Für diese Untersuchungen bildet das theoretische Modell der Turingmaschine die Grundlage. Gemäß der Churchschen These kann alles, was überhaupt intuitiv berechnet werden kann, auch mit einer Turingmaschine berechnet werden. Mit Turingmaschinen (so genannten universellen Turingmaschinen) können sogar die heutigen programmierbaren Rechner simuliert werden, so dass Turingmaschinen auch als einfachstes Modell heutiger und zukünftiger Rechner verwendet werden können.

Die heutigen Rechner unterscheiden sich bezüglich der Geschwindigkeit nicht fundamental von den Turingmaschinen, denn alles, was ein Computer leistet, kann eine Turingmaschine in einer Zeit leisten, die „nur" um einen polynomialen Faktor größer ist. Genauer bedeutet dies, dass wenn ein Rechner für eine Aufgabe wie z. B. das Sortieren von n Daten eine Laufzeit benötigt, die durch eine Funktion $f(n)$ beschränkt ist (d. h. selbst im schlimmsten Fall beträgt der Zeitaufwand bei einer Eingabe der Größe n höchstens $f(n)$ Zeiteinheiten), so benötigt die Turingmaschine für dieselbe Aufgabe höchstens die Zeit $p(n) \cdot f(n)$, wobei $p(n) = a_k n^k + a_{k-1} n^{k-1} + ... + a_1 n + a_0$ ein *Polynom k-ten Grades* mit nichtnegativen ganzzahligen Koeffizienten a_i ($i = 0, ..., k$) ist (siehe auch die Definition eines Polynoms im nächsten Abschnitt).

5.4.1 Komplexitätsmaße

Die Laufzeit eines Programms (bzw. einer Turingmaschine) ist ein so genanntes *Komplexitätsmaß*, das mit Hilfe einer Funktion $f(n)$ angegeben wird, wobei f den Wert des Komplexitätsmaßes in Abhängigkeit der *Problemgröße* n ($n \in \mathbb{N}$) darstellt. Ein solches Komplexitätsmaß macht nur Sinn für Programme, die verschiedene Eingaben in gleicher Weise verarbeiten können, wie z. B. Sortierprogramme, Suchprogramme oder Programme, die zahlentheoretische Funktionen berechnen.

Bei Turingmaschinen definiert man als Problemgröße die Anzahl der Symbole, aus denen die Eingabe besteht. Zur Ermittlung der Laufzeit einer Turingmaschine zählt man der Einfachheit halber nur die Anzahl der elementaren Anweisungen, die die Turingmaschine ausführt.

Bei der Berechnung von Funktionen über Zahlen hängt die Laufzeit von der verwendeten Zahlendarstellung ab, denn die Zahlen, die als Argumente eingegeben werden, müssen in der Regel Ziffer für Ziffer gelesen werden, damit der Funktionswert berechnet werden kann. Verwendet man zur Darstellung von natürlichen Zahlen die unäre Darstellung, die nach dem additiven Prinzip aufgebaut ist, so ist die Laufzeit bedeutend größer als bei der Verwendung von Positionssystemen wie dem Binär- oder dem Dezimalsystem.

Für die Zahl 1537 müssen z. B. bei der unären Darstellung 1538 Einsen gelesen werden, in dezimaler Darstellung sind es nur 4 Ziffern. Allgemein müssen für die natürliche Zahl n ($n \geq 0$) in der unären Darstellung $n + 1$ Ziffern, und bei der dezimalen Darstellung $\lfloor \log_{10} n \rfloor + 1$ Ziffern gelesen werden, falls $n > 0$. ($\lfloor x \rfloor$ ist die *größte ganze Zahl kleiner oder gleich x*.)

Die Binärdarstellung von 1537 ist 11000000001, generell hat eine natürliche Zahl n ($n > 0$) genau $\lfloor \log_2 n \rfloor + 1$ Binärziffern. Der Unterschied zwischen der binären und der dezimalen Darstellung ist nur ein konstanter Faktor, denn nach der Kettenregel für Logarithmen gilt:

$$\log_{10} n = \underbrace{\log_{10} 2}_{konstant} \cdot \log_2 n$$

Um der praktischen Programmierung nahe zu kommen, werden in der Komplexitätstheorie Binärdarstellungen von Zahlen zu Grunde gelegt.

Der Wert eines Komplexitätsmaßes hängt nicht nur von der Problemgröße ab, sondern auch von den Eingabedaten selbst.

Sucht man z. B. das erste Vorkommen von Wörtern in einem Text, so würde man als Problemgröße die Länge des Textes plus die Länge des zu suchenden Wortes definieren. Bei ein und demselben Eingabetext spielt aber auch die Häufigkeit des Auftretens des gesuchten Wortes eine Rolle. So wird man im Normalfall in einem deutschsprachigen Text viel schneller ein Vorkommen des Wortes *die* finden als ein Vorkommen des Wortes *Zoo*.

Das bedeutet, dass Komplexitätsmaße oft relativiert werden müssen, indem man sie nach gewissen Klassen von Eingaben differenziert. Man unterscheidet die folgenden drei Fälle:

1. *Ungünstigster Fall* (Worst-Case): Welches ist der Maximalwert, den $f(n)$ bei Eingaben der Größe n annehmen kann?

2. *Günstigster Fall* (Best-Case): Welches ist der Minimalwert, den $f(n)$ bei Eingaben der Größe n annehmen kann?

3. *Normalfall* (Average-Case): Welches ist der Erwartungswert von $f(n)$ für Eingaben der Größe n?

5.4 Komplexitätsuntersuchungen

In der Komplexitätstheorie spielen Komplexitätsmaße in Form eines Polynoms eine herausragende Rolle. Deshalb soll im Folgenden eine exakte Definition des Begriffs Polynom, wie er in der Komplexitätstheorie verwendet wird, angegeben werden.

Definition: (Polynom)

Ein Polynom ist eine Funktion $p : \mathbb{N} \to \mathbb{N}$ der Form

$p(n) = a_k n^k + a_{k-1} n^{k-1} + ... + a_1 n^1 + a_0,$

mit $k \in \mathbb{N}$, $a_i \in \mathbb{N}$ ($i = 0, ..., k$). Die Zahlen a_i heißen die *Koeffizienten* des Polynoms. Das größte i mit $a_i \neq 0$ heißt der *Grad* des Polynoms.

5.4.2 Die Klassen P und NP

Turingmaschinen werden weniger zur Untersuchung der Laufzeit spezieller Algorithmen verwendet, sondern hauptsächlich zur Unterscheidung von Problemklassen bezüglich des Zeitaufwands, der zur Lösung der Probleme betrieben werden muss.

Der Begriff *Problem* soll im folgenden als Zusammenfassung gleichartiger *Problemausprägungen*, zu denen es jeweils eine spezifische Lösung gibt, aufgefasst werden. Man denke dabei etwa an Sortierprobleme, bei denen eine Problemausprägung aus einer konkreten Datenmenge besteht, die sortiert werden soll. Die spezifische Lösung ist dann die sortierte Datenmenge.

Wir betrachten nun ausschließlich Probleme, die durch Algorithmen gelöst werden. Algorithmen kann man abstrakt als Verfahren zur Berechnung einer partiellen Funktion $f: E \to A$ von der Menge der zulässigen Eingaben (Problemausprägungen) in die Menge der Ausgaben (Lösungen) auffassen. Wegen der Partialität muss nicht zu jeder Problemausprägung eine Lösung existieren. In diesem Fall stoppt der Algorithmus in einem vom Endzustand verschiedenen Zustand oder er läuft unendlich weiter. Man erhält dann im Prinzip einen Erkennungsalgorithmus für die Sprache, die aus allen Eingaben besteht, für die f definiert ist, denn genau für diese Eingaben stoppt der Algorithmus nach endlich vielen Schritten im Endzustand.

Bei Komplexitätsuntersuchungen von Algorithmen zur Lösung von Problemen können wir uns deshalb auf das Erkennen von Sprachen durch Turingmaschinen beschränken. Wir verwenden dazu das Konzept der nichtdeterministischen Turingmaschine, das wie bei den endlichen Automaten gleichmächtig ist zur deterministischen Variante.

Definition: (Nichtdeterministische Turingmaschine)

Eine (*nichtdeterministische*) *Turingmaschine* ist ein 5-tupel $M = (Z, V, \delta, q_A, q_E)$, bei dem Z, V, q_A, q_E wie bei deterministischen Turingmaschinen definiert sind (siehe Abschnitt 5.1), und δ anstatt einer Überführungs*funktion* eine Überführungs*relation* ist:

$$\delta \subseteq (Z \setminus \{q_E\}) \times (V \cup \{\flat\}) \times Z \times (V \cup \{\flat\} \cup \{L, R\}).$$

Die von einer nichtdeterministischen Turingmaschine *erkannte* (*akzeptierte*) *Sprache* besteht aus der Menge aller Wörter, für die es mindestens einen akzeptierenden Verlauf gibt.

Nichtdeterministische Turingmaschinen arbeiten völlig analog zu deterministischen Turingmaschinen, außer dass es für einen Arbeitsschritt mehrere Möglichkeiten geben kann. Die Menge aller möglichen Verläufe bei der Abarbeitung eines Wortes durch eine nichtdeterministische Turingmaschine kann in der folgenden Weise als Baum charakterisiert werden.

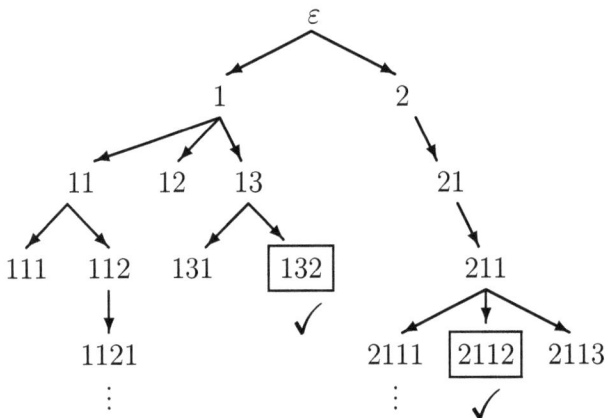

Die Wurzel entspricht der Anfangskonfiguration, jeder Abarbeitungsschritt führt auf einem Pfad in die Tiefe, und wenn es für den nächsten Schritt mehrere Möglichkeiten gibt, so verzweigt sich der Pfad. Die möglichen Fortsetzungen werden durch eindeutige Zahlenfolgen gekennzeichnet. Bei jedem Schritt in die Tiefe kommt die Nummer der angewandten Alternative hinzu. Der Beispiel-Baum passt zu einer Turingmaschine, die in jeder Situation maximal drei alternative Fortsetzungsmöglichkeiten hat, deshalb benötigt man hier nur Ziffernfolgen mit den Ziffern 1,2,3. Die Pfade führen entweder in eine Sackgasse, sind unendlich lang oder enden erfolgreich im Endzustand.

Dass jede Sprache, die von einer nichtdeterministischen Turingmaschine erkannt wird, auch von einer deterministischen Turingmaschine erkannt werden kann, zeigt man dadurch, dass man die baumartig sich verzweigenden Berechnungsmöglichkeiten einer nichtdeterministischen Turingmaschine durch eine deterministische Turingmaschine systematisch nach der Strategie breadth-first (Breite zuerst) durchspielt (siehe z.B. [Hopcroft und Ullman, 2000]).

Bei einer nichtdeterministischen Turingmaschine wird die Zeit, die zum Erkennen eines Wortes benötigt wird, als die Laufzeit eines minimalen akzeptierenden Verlaufs definiert. Unter dieser Voraussetzung gilt die folgende Definition für das Erkennen einer Sprache in polynomialer Zeit für beide Varianten von Turingmaschinen:

Definition: (In polynomialer Zeit erkannte Sprache)

> Eine Turingmaschine erkennt eine Sprache L in *polynomialer Zeit*, wenn es ein Polynom p gibt, so dass jedes Wort $x \in L$ der Länge n in einer Zeit t mit $t \leq p(n)$ erkannt wird.

Der Begriff „Zeit" wird in diesem Zusammenhang synonym mit „Anzahl von Elementarschritten" verwendet. Das Polynom p ist hier offensichtlich eine obere Schranke für die Worst-Case-Komplexität.

Ob ein Wort von einer nichtdeterministischen Turingmaschine in polynomialer Zeit erkannt wird, hängt davon ab, ob es mindestens einen erfolgreichen Pfad gibt, dessen Anzahl von Elementarschritten polynomial beschränkt ist.

Wir können nun zwei Klassen von Sprachen definieren, die von fundamentaler Bedeutung für die Komplexitätstheorie sind.

Definition: (P, NP)

- Die Menge P besteht aus allen Sprachen, die von einer deterministischen Turingmaschine in polynomialer Zeit erkannt werden.

- Die Menge NP besteht aus allen Sprachen, die von einer nichtdeterministischen Turingmaschine in polynomialer Zeit erkannt werden.

Die Probleme, die den Sprachen der Klasse P entsprechen, zeichnen sich dadurch aus, dass zu jeder Ausprägung des Problems ein schneller, d. h. polynomialer Lösungsweg existiert. Obwohl ein Polynom mit einem hohen Grad eine enorm große und praktisch nicht akzeptable Laufzeit bedeuten kann, werden solche Probleme in der Informatik als *effizient lösbar* betrachtet.

Die zur Sprachklasse NP gehörenden Probleme, bei denen eine schnelle Lösung erst aufwändig gesucht werden muss, d. h. in einer Zeit, die nicht durch ein Polynom beschränkt werden kann, werden als nicht effizient auf einem Rechner lösbar betrachtet. Ein solcher Zeitaufwand wird z. B. durch die Funktion $f(n) = 2^n$ beschrieben, die für größer werdendes n schneller wächst als jedes Polynom $p(n)$. Das durch $f(n) = 2^n$ beschriebene Wachstumsverhalten wird als *exponentielles Wachstum* bezeichnet.

Ein bekanntes Problem der Menge NP ist das so genannte *Erfüllbarkeitsproblem*, bei dem für jeden Booleschen (d. h. aussagenlogischen) Ausdruck entschieden werden soll, ob es eine erfüllende Wahrheitswertebelegung gibt oder nicht. Dieses Problem wird oft mit SAT bezeichnet, von engl. satisfiable, wobei SAT genauer die Menge der erfüllbaren Booleschen Ausdrücke darstellt.

Z. B. ist der Boolesche Ausdruck

$$(\neg x_1 \lor x_2) \land (x_1 \lor \neg x_3 \lor \neg x_2) \land \neg x_3$$

erfüllbar, denn wenn man $x_1 = $ *falsch*, $x_2 = $ *wahr* und $x_3 = $ *falsch* setzt, so nimmt der Ausdruck insgesamt den Wert *wahr* an. (Dabei entsprechen die Zeichen $\land$ dem logischen *und*, $\lor$ dem logischen *oder* und $\neg$ der logischen *Negation*. Eine *und*-Verknüpfung ist genau dann wahr, wenn alle Operanden wahr sind, und eine *oder*-Verknüpfung ist genau dann wahr, wenn mindestens ein Operand wahr ist. Die Negation dreht die Wahrheitswerte um.)

5.4 Komplexitätsuntersuchungen

Dagegen ist der Boolesche Ausdruck

$$x_1 \wedge (\neg x_1 \vee x_2) \wedge (\neg x_3 \vee \neg x_2) \wedge x_3$$

nicht erfüllbar, da bei jeder beliebigen Belegung der Variablen x_1, x_2 und x_3 mit den Wahrheitswerten *wahr* bzw. *falsch* der gesamte Ausdruck immer den Wahrheitswert *falsch* annimmt.

Ein offensichtlicher Algorithmus für das Erfüllbarkeitsproblem setzt für einen beliebig vorgegebenen Booleschen Ausdruck systematisch alle möglichen Kombinationen von Wahrheitswerten ein und prüft nach, ob eine davon den Ausdruck erfüllt. Diesen Algorithmus kann man durch eine *nichtdeterministische* Turingmaschine realisieren, die der Reihe nach die Variablen mit Wahrheitswerten belegt. Für jede Variable gibt es dabei zwei Alternativen, so dass die verschiedenen Abarbeitungsmöglichkeiten als binärer Baum dargestellt werden können. Falls ein eingegebener Ausdruck erfüllbar ist, entspricht mindestens ein Pfad des Baums dem erfolgreichen Abarbeiten des Ausdrucks. Man kann zeigen, dass eine erfolgreiche Abarbeitung einen Aufwand benötigt, der durch ein Polynom $p(n)$ beschränkt ist, wobei n die Länge des als Eingabewort kodierten Ausdrucks ist (siehe z. B. [Wegener, 1999]). Dies bedeutet, dass das Erfüllbarkeitsproblem in der Klasse NP enthalten ist.

Werden von einer *deterministischen* Turingmaschine stur alle Kombinationen von Wahrheitswerten für die Aussagevariablen getestet, so gibt es immer Worst-Case-Fälle, bei denen erst nach dem Testen der letzten Kombination das Ergebnis feststeht. In diesen Fällen benötigt die Turingmaschine 2^k viele Schritte, um alle 2^k Kombinationen auszuprobieren, wobei k die Anzahl der verschiedenen Variablen des Ausdrucks ist. Da die Funktion 2^k für wachsendes k exponentiell ansteigt, müsste man einen grundlegend schnelleren Algorithmus finden, um nachweisen zu können, dass das Erfüllbarkeitsproblem in der Klasse P wäre.

Ein schnellerer Algorithmus als das sture Austesten ist trotz großer Anstrengungen bis heute nicht gefunden worden, und man nimmt an, dass es tatsächlich keinen gibt. Würde man für das Erfüllbarkeitsproblem einen effizienten Algorithmus finden, so könnte man daraus für alle anderen Probleme aus NP ebenfalls einen effizienten Algorithmus konstruieren (siehe z. B. [Wegener, 1999]) und es würde P = NP gelten. Dadurch spielt das Erfüllbarkeitsproblem (genau so wie noch viele weitere Probleme aus NP) eine herausragende Rolle, die mit der Eigenschaft *NP-vollständig* charakterisiert wird.

Die Frage, ob P = NP gilt, ist eines der berühmtesten noch offenen Probleme der Informatik. Die überwiegende Mehrzahl der Fachleute ist der Meinung, dass die beiden Klassen verschieden sind, dass es also Probleme wie das Erfüllbarkeitsproblem gibt, die prinzipiell auf dem Computer nicht effizient lösbar sind. Wäre dies bewiesen, so könnte man sich mit voller Energie auf eine andere Behandlung solcher Probleme konzentrieren, etwa mit Hilfe von Näherungsalgorithmen oder Algorithmen, die zwar im Worst-Case langsam sind, dafür aber im Average-Case eine polynomial beschränkte Laufzeit aufweisen. Bis jetzt besteht aber immer noch eine (sehr) geringe Chance, dass man doch noch einen schnellen Algorithmus für Probleme aus NP findet.

Die Anworten auf solche und viele andere Fragestellungen theoretischer aber auch praktischer Natur können mit dem grundlegenden Konzept der Turingmaschine in klarer Weise gesucht und gegebenenfalls begründet werden. Wir wollten hier nur einen ersten Einstieg in ein weites und aktives Forschungsgebiet vermitteln und verweisen für weitere Zusammenhänge und Ergebnisse auf die einschlägige Literatur (wie z. B. [Hopcroft und Ullman, 2000], [Hromković, 2007], [Schöning, 2008], [Sipser, 2006], [Wegener, 1999], [Wegener, 2001] sowie viele andere).

Übungen

1. Gegeben sei die folgende Turingmaschine
$$M = (\{q_0, q_1, q_2, q_3, q_4, q_5, q_6, q_7, q_8\}, \{|\}, \delta, q_0, q_8)$$
    mit δ:

q_0 $\|$	$\mapsto$	q_1 $\flat$	q_6 $\|$	$\mapsto$	q_6 R
q_1 $\flat$	$\mapsto$	q_2 R	q_6 $\flat$	$\mapsto$	q_7 $\|$
q_2 $\|$	$\mapsto$	q_3 $\flat$	q_7 $\|$	$\mapsto$	q_7 R
q_3 $\flat$	$\mapsto$	q_4 R	q_7 $\flat$	$\mapsto$	q_8 $\|$
q_4 $\|$	$\mapsto$	q_5 $\flat$	q_2 $\flat$	$\mapsto$	q_8 $\|$
q_5 $\flat$	$\mapsto$	q_0 R	q_4 $\flat$	$\mapsto$	q_7 $\|$
q_0 $\flat$	$\mapsto$	q_6 $\|$			

    $\flat$ bezeichnet das leere Feld.

    Diese Turingmaschine berechnet eine Funktion $f(n)$, wobei n eine natürliche Zahl in unärer Darstellung ist. Welche Funktion ist das?

2. Geben Sie eine Turingmaschine an, die die Funktion $f(n) = 2n$ berechnet, wobei n eine natürliche Zahl in unärer Darstellung ist.

3. Geben Sie zwei Turingmaschinen $TM1$ und $TM2$ an mit jeweils dem Maschinenalphabet $\{0,1\}$, die folgendes leisten, wenn sie auf ein beliebiges nichtleeres Binärwort $x \in \{0,1\}^+$ in der Anfangskonfiguration angesetzt werden:

   a) $TM1$ löscht alle führenden Nullen und setzt sich dann im Endzustand auf das letzte Zeichen von x. Besteht x aus lauter Nullen, soll am Ende nur eine Null auf dem Band stehen, auf der $TM1$ im Endzustand stoppt.

   b) $TM2$ ersetzt alle Nullen in x durch eine Eins und setzt sich dann im Endzustand auf das erste Zeichen von x.

4. Geben Sie eine Turingmaschine an, die für natürliche Zahlen in binärer Darstellung die Nachfolgerfunktion $f(n) = n + 1$ berechnet.

   Hinweis: Überlegen Sie dazu am Besten anhand von Beispielen, etwa bei den Binärzahlen 10100 und 10011, wie man binär eine Eins dazuaddiert. Ist das Prinzip erkannt, lässt es sich relativ einfach mit einer Turingmaschine realisieren.

5. Geben Sie eine nichtdeterministische Turingmaschine an, die alle Wörter über dem Alphabet $\{a,b\}$ akzeptiert, die das Teilwort aba enthalten.

6. Es gibt Turingmaschinen, die, angesetzt auf das leere Band, eine endliche Folge von Strichen auf das Band schreiben und anschließend im Endzustand stoppen. Solche Turingmaschinen heißen *Busy-Beaver-Turingmaschinen* (fleißige Biber), da man sich die Striche als Holzstämme vorstellen kann, die ein Biber für seinen Dammbau heranschleppt.

   Gegeben sei die folgende Busy-Beaver-Turingmaschine
   $$M = (\{q_M, q_1, q_2, q_3, q_4, q_5, q_6, q_E\}, \{|\}, \delta, q_M, q_E)$$
   mit δ:

$q_M\, \flat$	$\mapsto$	$q_3\, \|$	$q_2\, \|$	$\mapsto$	$q_6\, \flat$
$q_M\, \|$	$\mapsto$	$q_2\, L$	$q_3\, \|$	$\mapsto$	$q_1\, R$
$q_1\, \flat$	$\mapsto$	$q_4\, \|$	$q_4\, \|$	$\mapsto$	$q_2\, R$
$q_1\, \|$	$\mapsto$	$q_E\, \|$	$q_5\, \|$	$\mapsto$	$q_M\, L$
$q_2\, \flat$	$\mapsto$	$q_5\, \|$	$q_6\, \flat$	$\mapsto$	$q_1\, L$

   ($\flat$ soll dabei das leere Feld bedeuten).

   Beschreiben Sie die Arbeitsweise von M, wenn sie auf das leere Band (Eingabewort ε) angesetzt wird. Wieviele Stämme schleppt der fleißige Biber M zu seinem Damm?

Lösungshinweise für ausgewählte Übungen

Kapitel 1:

1. Schreibe die abzählbar unendlich vielen gegebenen Mengen in der folgenden Weise untereinander auf und wende das 1. Cantorsche Diagonalverfahren an:

   $M_0 = \{m_{00}, m_{01}, m_{02}, m_{03}, m_{04}, ...\}$
   $M_1 = \{m_{10}, m_{11}, m_{12}, m_{13}, m_{14}, ...\}$
   $M_2 = \{m_{20}, m_{21}, m_{22}, m_{23}, m_{24}, ...\}$
   $M_3 = \{m_{30}, m_{31}, m_{32}, m_{33}, m_{34}, ...\}$
   $\vdots$

2. Erzeuge die nächste Zahl indem bei der letzten Zahl, hinten beginnend, solange alle Einsen durch eine Null ersetzt werden, bis eine Null kommt, die wird durch Eins ersetzt. Kommt keine Null, dann wird eine Eins am Anfang angefügt.

3. a)
   ```
   while („|x| ≥ 2")
     {
       if („erstes Zeichen von x gleich letztes Zeichen von x")
         „entferne erstes und letztes Zeichen von x";
       else
         return „nein";
     }
   if („|x| = 0")
     return „ja";
   else
     return „nein";
   ```

   b) Nummeriere $\{a,b\}^*$ durch, $w\breve{w}$ erhält dieselbe Nummer wie $w \in \{a,b\}^*$.

Kapitel 2:

1. a) Typ 0

   b) $S \Rightarrow ABA \Rightarrow 00A \Rightarrow 0000A \Rightarrow 00000$

   c) $L = \{\varepsilon\} \cup \{0^{2n+1} \mid n \geq 1\}$

   d) $P' = \{S \to \varepsilon \mid 0A, \ A \to 0B, \ B \to 0A \mid 0\}$

2. a) Z. B. *abba*

   b) $P'_1 = \{S \to aSa \mid aa \mid b\}$
   $P'_2 = \{S \to aXa \mid aa \mid b, \ X \to XX \mid S\}$

   c) P_1 als Syntaxdiagramm: P_2 als Syntaxdiagramm:

   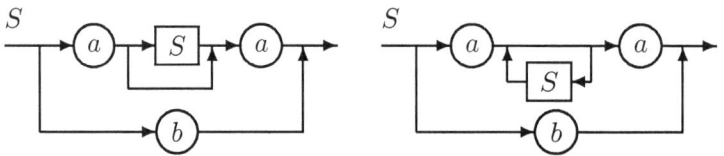

3. $P = \{S \to 0Rest, \ Rest \to 0Rest \mid 1Rest \mid ... \mid 7Rest \mid 0 \mid 1 \mid ... \mid 7\}$

4. a)   <GKonstante> ::= ([<ZFolge>].<ZFolge>[<Exp>]
                        | <ZFolge>.[<Exp>]
                        | <ZFolge><Exp>)[<Suff>]
            <ZFolge> ::= <Ziffer> | <ZFolge><Ziffer>
            <Ziffer> ::= 0|1|2|3|4|5|6|7|8|9|
              <Exp> ::= (e|E)[(+|-)]<ZFolge>
             <Suff> ::= f|F|l|L

5. a) <Liste> ::= \[{(<Liste>|element).} nil\]

   b) Syntaxdiagramm:

   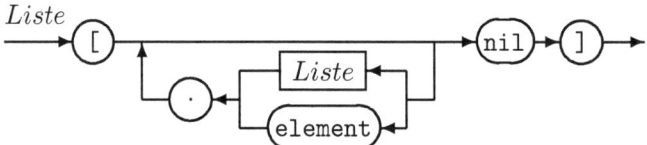

6. Die folgenden Grammatikregeln beschreiben den Aufbau von Briefen. Dabei seien großgeschriebene Wörter Nonterminals, die kleingeschriebenen Terminals:

Brief	→	Einleitung Haupttext Schluss
Einleitung	→	datum referenzeichen empfängeranschrift betreff
Haupttext	→	anrede Absatzliste
Absatzliste	→	Absatz | Absatzliste Absatz
Absatz	→	satz | Absatz satz
Schluss	→	schlussformel verfasser funktion

7. a) Typ 0

   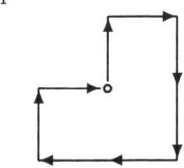

   b)

   c) $S \Rightarrow oSu \Rightarrow orSlu \Rightarrow oroSulu \Rightarrow ororlulu \Rightarrow ororullu \Rightarrow orourllu$
   $\Rightarrow oruorllu \Rightarrow oruorlul \Rightarrow oruorull \Rightarrow oruourll \Rightarrow oruuorll$
   $\Rightarrow oruuolrl \Rightarrow oruulorl \Rightarrow oruulolr \Rightarrow oruullor$

   d) Die Wörter aus L beschreiben diejenigen Wege des Cursors, die wieder zum Ausgangspunkt zurückführen.d) Die Wörter aus L beschreiben diejenigen Wege des Cursors, die wieder zum Ausgangspunkt zurückführen.

8. b) $L = \{xtx \mid x \in \{0,1\}^*\}$

Kapitel 3:

1. a) $S \rightarrow 0X|0$, $X \rightarrow 0S|1Y$, $Y \rightarrow 1Z|1$, $Z \rightarrow 1Y$.

2. a) Die Folge der angenommenen Zustände lautet: $ABCBCBCBA$, dann stoppt der Automat, ohne das Wort vollständig gelesen zu haben, deshalb wird es nicht erkannt.

   b) $T(M) = (a(a(ab)^*b)^*b)^*$

3. Endlicher Automat:

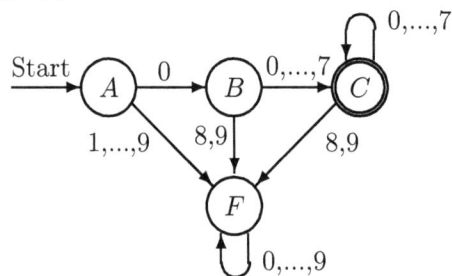

4. Endlicher Automat:

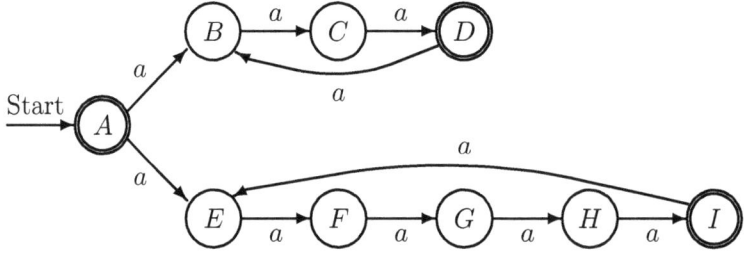

5. Endlicher Automat zu L aus Aufgabe 1 c):

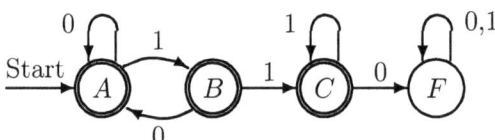

Die aus dem endlichen Automaten abgeleitete reguläre Grammatik hat die folgenden Regeln (ohne überflüssige Regeln):

P: $A \to 0A|1B|0|1$
    $B \to 0A|1C|0|1$
    $C \to 1C|1$

6. a) $a, ababa, abababab a, ababababababa$

   c) $(abab)^*a$

8. d) Bei geschachtelten Kommentaren muss die korrekte Verschachtelung der Klammern gewährleistet sein, was nur mit kontextfreien Grammatiken möglich ist (siehe Abschnitt 3.7, vgl. auch Aufgabe 5 zu Kapitel 4).

13. Bei der folgenden Lösung ist 29.02.JJJJ ein zulässiges Datum, aber nicht 30.02.JJJJ, 31.02.JJJJ. Der Tag 00 ist nicht zulässig.

(
   $((0[1-9] \mid [1-2][0-9]).02)$ /* Feb
   $\mid ((0[1-9] \mid [1-2][0-9] \mid 30).(0[469] \mid 11))$ /* Apr, Jun, Sep, Nov
   $\mid (((0[1-9] \mid [1-2][0-9]) \mid 3[01]).(0[13578] \mid 1[02]))$
   /* Jan, Mär, Mai, Jul, Aug, Okt, Dez
)
.$((19 \mid 20)[0-9][0-9] \mid 2100)$ /* Jahre 1900 - 2100

15. `[A-Za-z_][A-Za-z0-9_]*\[(0|[1-9][0-9]*)\]`

17. $\alpha^* \mid \alpha^*\beta\beta^* \equiv \alpha^*\varepsilon \mid \alpha^*\beta\beta^* \equiv \alpha^*(\varepsilon \mid \beta\beta^*) \equiv \alpha^*(\varepsilon \mid \beta^*\beta) \equiv \alpha^*\beta^*$

Kapitel 4:

1. e) $P = \{S \to aSb \mid aXb \mid aYb, \; X \to aX \mid a, \; Y \to Yb \mid b\}$

2. a) $P = \{S \to \varepsilon \mid X, \; X \to aXa \mid bXb \mid a \mid b\}$

   b) Die Mitte von Wörtern wie *aaaaaa* kann deterministisch nicht erkannt werden.

5. b) $P = \{S \to X_{[}X_{]} \mid X_{[}Z \mid SS, \; Z \to SX_{]}, \; X_{[} \to [, \; X_{]} \to]\}$

6. Z. B. das Wort [ ] [ ] [ ] hat zwei Linksableitungen:
   1. $S \Rightarrow SX \Rightarrow SXX \Rightarrow [\;]XX \Rightarrow [\;][Y X \Rightarrow [\;][\;]X \Rightarrow [\;][\;][Y$
      $\Rightarrow$ [ ][ ][ ]
   2. $S \Rightarrow SX \Rightarrow [\;]X \Rightarrow [\;]SX \Rightarrow [\;][\;]X \Rightarrow [\;][\;][Y$
      $\Rightarrow$ [ ][ ][ ]

8. a) Die beiden Ableitungsbäume ergeben sich aus zwei verschiedenen Lesarten. Bei der ersten gehört die Präpositionalphrase *mit dem Fernglas* zu der Verbalphrase *beobachtet* (Regel $VP \to V\;NP\;PP$), bei der zweiten gehört sie zu der Nominalphrase *den Mann* (Regel $NP \to NP\;PP$).

   b) Nein. Es könnte eine andere eindeutige Grammatik für die Sprache geben. Es gilt aber trotzdem, dass die deutsche Sprache inhärent mehrdeutig ist, denn man kann bei diesem Beispielsatz ohne semantisches Kontextwissen die beabsichtigte Lesart nicht bestimmen.

10. $P = \{X \to b \mid aY \mid Zc, \; Y \to aY \mid b, \; Z \to Zc \mid b\}$

11. a) Typ 0.

b) Das Wort w lautet

FFFF[+FF[+F][-F]FFF][-FF[+F][-F]FFF]FFFFFF[+F][-F]FFF

c)

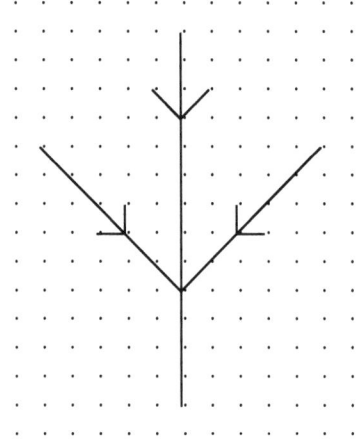

d) Aus der Grammatik geht hervor, dass das erzeugte Bild achsensymmetrisch ist, also kommt nur die erste der drei Pflanzen in Frage.

Kapitel 5:

1. $f(n) = n\ mod\ 3$ (Ganzahliger Rest bei Division durch 3).

2. Idee: Streiche jeden Strich und füge jedesmal zu einer hinter dem abschließenden Blank des Eingabewortes neu gebildeten Strichfolge zwei neue Striche an. Zuletzt streiche einen der neuen Striche.

4. $M = (\{q_0, q_1, q_2, q_E\}, \{0,1\}, \delta, q_0, q_E)$
mit δ: $q_0\ 0\ \mapsto\ q_0\ R$
$q_0\ 1\ \mapsto\ q_0\ R$
$q_0\ \flat\ \mapsto\ q_1\ L$
$q_1\ 0\ \mapsto\ q_E\ 1$
$q_1\ 1\ \mapsto\ q_2\ 0$
$q_1\ \flat\ \mapsto\ q_E\ 1$
$q_2\ 0\ \mapsto\ q_1\ L$

5. $M = (\{q_0, q_1, q_2, q_E\}, \{a, b\}, \delta, q_0, q_E)$
mit $\delta = \{\ (q_0, a, q_0, R), (q_0, b, q_0, R), (q_0, a, q_1, R), (q_1, b, q_2, R), (q_2, a, q_E, N)\ \}$

6. Der fleißige Biber schleppt 6 Stämme zu seinem Damm.

Literatur

[Albert und Ottmann, 1983]   J. Albert, T. Ottmann, *Automaten, Sprachen und Maschinen für Anwender*, BI-Wiss.-Verlag, Mannheim, 1983.

[Courant und Robbins, 1974]   R. Courant, H. Robbins, *Was ist Mathematik?*, Springer, Berlin, Heidelberg, New York, 1974.

[Grune and Jacobs, 1990]   D. Grune , C. J. H. Jacobs, *Parsing Techniques, A Practical Guide*, Ellis Horwood Ltd., Chichester, England, 1990.

[Hermes, 1978]   H. Hermes, *Aufzählbarkeit Entscheidbarkeit Berechenbarkeit*, Springer, Berlin, Heidelberg, New York, 1978.

[Hopcroft, Motwani und Ullman, 2001]   J. E. Hopcroft, R. Motwani, J. D. Ullman, *Introduction to Automata Theory, Languages, and Computation*, 2nd ed., Addison Wesley, Boston et al., 2001.

[Hopcroft und Ullman, 2000]   J. E. Hopcroft, J. D. Ullman, *Einführung in die Automatentheorie, formale Sprachen und Komplexitätstheorie*, 4. Aufl., Oldenbourg, München, 2000.

[Hromković, 2007]   J. Hromković, *Theoretische Informatik*, 3. Aufl., Teubner, Wiesbaden, 2007.

[Kozen, 1997]   D. Kozen, *Automata and Computability*, Springer, New York et al., 1997.

[Lindenmayer und Prusinkievicz, 1990]   A. Lindenmayer, P. Prusinkievicz, *The Algorithmic Beauty of Plants*, Springer, New York et al., 1990.

[Schöning, 2008]   U. Schöning, *Theoretische Informatik – kurz gefasst*, 5. Aufl., Spektrum Akademischer Verlag, Heidelberg, 2008.

[Sedgewick, 1992]   R. Sedgewick, *Algorithmen in C++*, Addison-Wesley, Bonn et al., 1992.

[Sethi et al., 2008]   R. Sethi, M. S. Lam, A. V. Aho, J. D. Ullman, *Compiler. Prinzipien, Techniken und Werkzeuge.*, 2. akt. Aufl., Pearson Studium, München et al., 2008.

[Sipser, 2006]   M. Sipser, *Introduction to the Theory of Computation*, 2nd Ed., PWS Publishing Company, Boston, 2006.

[Vossen und Witt, 2011]   G. Vossen, K.-U. Witt, *Grundlagen der Theoretischen Informatik mit Anwendungen*, 5. Aufl., Vieweg, Braunschweig, Wiesbaden, 2011.

[Wegener, 1999]   I. Wegener, *Theoretische Informatik. Eine algorithmenorientierte Einführung*, 2. Aufl., Teubner, Stuttgart, 1999.

[Wegener, 2001]   I. Wegener, *Kompendium Theoretische Informatik – eine Ideensammlung*, 2. Aufl., Teubner, Stuttgart, 2001.

Index

A
ableitbar, 29
Ableitung, 29
Ableitungsbaum, 2, 98
abzählbar, 10
additives Prinzip, 156
äquivalent, 29
Äquivalenz, 62
akzeptierender Zustand, 53
akzeptiert, 148
akzeptierte Sprache, 54, 60, 116, 148
akzeptiertes Wort, 54
ALGOL 60, 38
algorithmisches Verfahren, 15
Algorithmus, 15, 151
Alphabet, 6
Alternative, 73
Anfangskellerzeichen, 113, 115
Anfangskonfiguration, 148
Anfangszustand, 53, 113, 115, 147
Anweisung, 115
Anweisung einer Turingmaschine, 147
arithmetischer Ausdruck, 103
ASCII, 8, 19
Aufwand, 154
Aufzählung, 15
Ausdruck, 103
Ausgabe, 151
Automatentheorie, 49
Average-Case, 156

B
Backtracking, 122
backtracking, 109
Backus, J.W., 38
Backus-Naur-Form, 38
balanciert, 138
balancierte Klammerfolge, 138
Basic, 59
Begrenzer, 8, 81
Berechenbarkeit, 152
Best-Case, 156
Bewegung eines Cursors, 46
Bezeichner, 8, 23, 27, 34, 41, 81
Bezeichnerrest, 27
Binärsystem, 156
Binärzahl, 7
Blank, 147, 152
BNF, 38
Boolescher Ausdruck, 160
Boyer-Moore-Algorithmus, 69
Buchstabe, 6
Busy-Beaver-Turingmaschine, 163

C
C, 25, 59
C-Ausdruck, 81
Cantor, G., 11
Cantorsches Diagonalverfahren, 11
car, 84
cdr, 84

Chomsky, N., 32
Chomsky-Hierarchie, 32
Chomsky-Normalform, 123
Churchsche These, 15, 152
Cocke-Younger-Kasami-Algorithmus, 122
Codegenerierung, 2
Codeoptimierung, 2
Compiler, 17
CYK-Algorithmus, 122

D
dangling else, 104
dargestellte Sprache, 29, 116
deterministisch, 53
deterministische Turingmaschine, 147
deterministischer endlicher Automat, 53
deterministischer Kellerautomat, 118
Dezimalsystem, 156
dicht, 11
direkt ableitbar, 28
Document Type Definition, 131
DOS, 86
DTD, 131
durchnummerieren, 9
Durchnummerierungsschema, 11

E
EBCDIC, 8
EBNF, 39
Editor, 67
effizient lösbar, 160
eindeutig, 101
einfache Turingmaschine, 146
Eingabe, 52, 151
Eingabealphabet, 53, 115
Eingabeband, 52, 113, 146

Eingabesymbol, 8 f.
Eingabewort, 52
Eingabezeichen, 115
endlicher Automat, 52 f.
Endzustand, 53, 115, 147
entscheidbar, 17
Entscheidungsfunktion, 154
Entscheidungsverfahren, 17
Erfüllbarkeitsproblem, 160
erkannt, 148
erkannte Sprache, 54, 116, 148, 158
erkanntes Wort, 54, 116
Erkennungsalgorithmus, 110
Ersetzungsvorgang, 28
Erweiterte Backus-Naur-Form, 39
erzeugte Sprache, 29
exponentielles Wachstum, 160
Extensible Markup Language, 129
ε (Leerwort), 6
ε−Übergang, 115

F
Faktor, 103
Fehlerzustand, 58
fleißiger Biber, 163
Folge von Token, 2
Folgezustand, 60
formale Sprache, 6
Fortran, 59

G
geklammerter Ausdruck, 71
geschlossene Anweisung, 105
Gleitpunktkonstante, 45, 92
Gliederung von Briefen, 46
globales Dateinamenzeichen, 87
Grad eines Polynoms, 157
Grammatik, 25

grammatikalisch korrekt, 23, 29
Grammatikregel, 25
Grammatiktyp, 32
grammatische Kategorie, 26
Greibach, S., 125
Greibach-Normalform, 125
Gültigkeit bzgl. einer DTD, 131
günstigster Fall, 156

H
Halteproblem, 18
HTML, 129
Hypertext Markup Language, 129

I
if-else-Mehrdeutigkeit, 104
indirekte Linksrekursion, 110
induktiv über den Aufbau, 72
inhärent mehrdeutig, 102
Intuitionismus, 15
irrationale Zahl, 11
iterative Regel, 40

J
Jokerzeichen, 86

K
Keller, 110
Kelleralphabet, 115
Kellerautomat, 113, 115
Kellerspeicher, 110, 113
Kettenregel, 110, 123
Klammerausdruck, 112
Kleene-Abschluss, 80
Kleene-Star, 73
Kommandosprache, 86
Kompilierung, 1
Komplexitätsmaß, 155

Komplexitätstheorie, 154
Kompositum, 7
Konkatenation, 7, 73, 78
Konstruktivismus, 15
kontextfrei, 32
kontextfreie Grammatik, 32
kontextfreie Sprache, 33
kontextsensitiv, 32
kontextsensitive Grammatik, 32
kontextsensitive Sprache, 33

L
L-System, 141
Laufzeit, 154
Laufzeit einer Turingmaschine, 155
Leerwort, 6
Leerzeichen, 147
Lese-/Schreibkopf, 113, 146
Lesekopf, 52, 113 f.
LEX, 82
lexikalische Analyse, 2
lexikalische Einheit, 26
lexikographisch, 13
lexikographische Reihenfolge, 16
Lexikon, 8
LIFO-Zugriff, 111
linear beschränkter Automat, 151
Linksableitung, 100
linkslinear, 33
Linksrekursion, 106
linksrekursiv, 106
LISP, 84
Liste, 40 f., 43
Literal, 8, 81
LL(1)-Eigenschaft, 136
logisches Programmieren, 59
loses else, 104
LR(k)-Grammatik, 122

M

Maschinenalphabet, 147
mehrdeutig, 101
Mehrfachverwendung von Symbolen, 41
Mustererkenner, 83

N

Nachfolgerfunktion, 153, 163
natürliche Sprache, 5
natürliche Zahl, 6
Naur, P., 38
Nichtdeterminismus, 59
nichtdeterministische Turingmaschine, 158
Nichtdeterministischer endlicher Automat, 59
nichtdeterministischer Kellerautomat, 115
nichtterminales Symbol, 25
Normalfall, 156
NP, 160
NP-vollständig, 161
Nummer, 9 f.

O

objektorientiertes Programmieren, 59
oktale Konstante, 44, 92
Operator, 8, 81
optimiertes Zielprogramm, 2
Optionalität, 40, 42
Ordnungsrelation, 13

P

P, 160
Palindrom, 137
Parsebaum, 98
Parser, 2, 106
Parser-Generator, 122
Parsingstrategie, 106
partiell, 53
Pascal, 59
Pattern Matching, 83
pflanzenartige Struktur, 141
Platzhalter, 86
Polynom, 155, 157
polynomiale Zeit, 159
polynomialer Faktor, 155
pop, 110
Positionssystem, 156
prädiktiver Parser, 110
Problem, 19, 157
Problemausprägung, 157
Problemgröße, 155
Produktion, 25
Produktionsregel, 25
Programmverifikation, 21
Prolog, 59
Pumping Lemma, 129
Punkt vor Strich-Regel, 99, 103
push, 110

Q

Quadrupel, 25
Quellprogramm, 2

R

Rabin-Karp-Algorithmus, 69
rationale Zahl, 11
Rechtsableitung, 100
rechtslinear, 33
Rechtsrekursion, 106
reelle Zahl, 12
regulär, 32
reguläre Grammatik, 32
reguläre Sprache, 33

regulärer Ausdruck, 72
regular expression, 72
Rekursion, 40, 59
rekursiv aufzählbar, 15
rekursive Regel, 40
Ringschluss, 62

S
SAT, 160
Satz, 26
Scanner, 51, 81
Scanner-Generator, 81 f.
Schlüsselwort, 8, 23, 81
Schleife, 42
Semantik, 5
semantische Analyse, 2
semi-entscheidbar, 15
SGML, 129
Speicher, 146
Speicherband, 146
spontaner Übergang, 115
Sprache, 6
stack, 110, 113
Standardized General Markup Language, 129
Stapel, 110
Startsymbol, 25
Stellvertreterzeichen, 86
Steuereinheit, 52, 113, 146
stoppen, 54, 116, 146
String Search, 67, 82
Strukturbaum, 98
Strukturierungshilfe, 40
Suche nach einem Textteil, 67
Suchstring, 68
Summe zweier natürlicher Zahlen, 153
surjektiv, 10
Symbol, 6
syntaktisch korrekt, 81

syntaktische Analyse, 2
Syntax, 5
Syntaxanalyse durch rekursiven Abstieg, 106
Syntaxbaum, 98
Syntaxdiagramm, 41

T
Tag, 130
Term, 103
Terminal, 25
terminales Symbol, 25
Terminalwort, 29
Theorie-orientierte Schreibweise von Grammatiken, 37
Token, 81
Top-Down-Analyse, 106
total, 53
Turing, A.M., 145
Turing-berechenbar, 152
Turingmaschine, 147
Turtle-Graphik, 141
Typ 0,1,2,3, 32
Typ einer Grammatik, 32
Typ einer Sprache, 33

U
Überabzählbarkeit, 12
überabzählbar, 10
Überführungsfunktion, 53, 147
Überführungsrelation, 59, 115
überschreiben, 146
unäre Darstellung, 8, 156
unendliche Sprache, 9
ungünstigster Fall, 156
UNIX, 82, 86
unmittelbar ableitbar, 28
uvwxy-Theorem, 129

V

Variable, 25
Variablenstring, 125
Variablenumbenennung, 110
Vereinigung, 77
Verkettung, 7, 73
Verkettungshülle, 79
verschachtelte Kommentare, 71
verschachtelter Klammerausdruck, 97, 112
Verschachtelung von Klammern, 71

W

Whitespace, 81
Wiederholung, 40, 42
Wildcard, 86
Wohlgeformtheit, 131
Worst-Case, 156
Wort, 6
Wortschatz, 7

X

XML, 129, 140
XML-Schema, 134

Y

YACC, 122

Z

Zahlendarstellung, 155
Zeichen, 6
Zielprogramm, 2
Zustand, 52 f., 114 f., 147
Zustandsbaum, 67
Zustandsdiagramm, 56
Zustandsmenge, 53, 115, 147

Bei Fragen zur Produktsicherheit wenden Sie sich bitte an:
If you have any questions regarding product safety,
please contact:

Walter de Gruyter GmbH
Genthiner Straße 13
10785 Berlin
productsafety@degruyterbrill.com